Das in diesem Buch enthaltene Programmmaterial ist mit keiner V
Garantie irgendeiner Art verbunden. Autor und Verlage übernehm
Verantwortung und werden keine daraus folgende oder sonstige Ha
auf irgendeiner Art aus der Benutzung dieses Programmmaterials
entsteht. Das Werk einschließlich aller Teile ist urheberrechtlich ge
Verwertung außerhalb der engen Grenzen des Urheberrechtsgesetzes ist ohne
Zustimmung des Autors unzulässig und strafbar. Dies gilt insbesondere für
Vervielfältigungen, Übersetzungen, Mikroverfilmung und die Einspeicherung und
Verarbeitung in elektronischen Systemen.

Vorwort

In diesem Buch zeige ich Ihnen einige Vorgehensweisen zur Fehlerbehebung auf Windows-Servern. Sie lesen in diesem Buch Anleitungen die über mein Handbuch bei Microsoft Press zu Windows Server 2012 R2 hinausgehen. Die Tipps und Anleitungen helfen Ihnen dabei Fehler mit Windows-Servern schnell und effizient zu beheben.

Alles kann ich in diesem Buch nicht behandeln. Suchen Sie noch mehr Anleitungen, schauen Sie sich das Handbuch zu Windows Server 2012 R2 einmal an.

Zusätzlich finden Sie auf meinem Blog (http://thomasjoos.wordpress.com) Links zu zahlreichen Artikeln, die kostenlos zur Verfügung stehen und ebenfalls das Thema Troubleshooting behandeln. Außerdem finden Sie auf meinem Blog auch Links zu zahlreichen Videotrainings von mir. Hier stehen ebenfalls sehr viele Filme kostenlos zur Verfügung.

Gerade für die Themen Troubleshooting, Performance Tuning und Monitoring finden Sie auf meinem Blog einige sehr interessante Sachen.

Ich wünsche Ihnen viel Spass mit diesem Buch

Ihr

Thomas Joos

Bad Wimpfen, im November 2014

Inhaltsverzeichnis

In den nachfolgenden Kapiteln zeigen wir Ihnen die Vorgehensweisen und Problemlösen zur Fehlerbebung von Windows-Servern. Wir haben die Tests mit Windows Server 2012 R2 durchgeführt, die meisten Tipps funktionieren aber auch mit den Vorgängerversionen, bis hin zu Windows Server 2003. Auch die neue Version Windows Server vNext unterstützt die meisten Tools und Vorgehensweisen in diesem Buch.

Ereignisanzeige für das Troubleshooting nutzen und Remoteverwaltung aktivieren

Rufen Sie die Ereignisanzeige auf der Startseite oder dem Startmenü mit *eventvwr.msc* auf. Über Windows-Protokolle finden Sie die wichtigsten Protokolle *Anwendung* und *System*. Wollen Sie die Anzeige filtern, klicken Sie das Protokoll mit der rechten Maustaste an und wählen *Aktuelles Protokoll filtern*. Setzen Sie hier den Haken bei *Kritisch* und *Fehler*.

Anschließend sehen Sie in der Ereignisanzeige nur noch die wichtigsten Meldungen. Klicken Sie auf einen Fehler, erhalten Sie weiterführende Informationen. Suchen Sie danach im Internet. Häufig finden Sie auf diesem Weg schon recht schnell die Problemlösung. Überprüfen Sie auch in anderen Ereignisanzeigen ob Fehler oder Meldungen in anderen Protokollen zum gleichen Zeitpunkt erscheinen. Dadurch erkennen Sie oft Zusammenhänge und finden schneller Fehler.

Als wichtigstes Suchkriterium im Internet dient die Ereignis-ID, zusammen mit der Quelle. Geben Sie diese auf der Internetseite www.eventid.net ein, erhalten Sie einige Lösungsvorschläge anderer Administratoren mit dem gleichen Fehler. Das funktioniert nicht immer, aber häufig.

Sie können die Ereignisanzeigen über das Kontextmenü auch exportieren und dann per E-Mail versenden. Die erzeugte evtx-Datei können in der Ereignisanzeige geöffnet werden, auch auf anderen Rechnern. So können Sie zum Beispiel Hilfe hinzuziehen, oder sich als Berater ein Protokoll zusenden lassen um Fehler zu beheben.

Über das Kontextmenü von Ereignisanzeige auf der linken Seite der Konsole können Sie sich auch mit der Ereignisanzeige eines anderen Servers verbinden, wenn dort die Remoteverwaltung aktiviert ist. Funktioniert die Anbindung an die Remote-Ereignisanzeige nicht, schalten Sie die Remoteverwaltung frei. Dazu verwenden Sie den Befehl *winrm quickconfig* auf dem entsprechenden Server.

Öffnen Sie außerdem die Firewall-Verwaltung in der Systemsteuerung und klicken auf *Eine App oder ein Feature durch die Windows-Firewall zulassen*. Aktivieren Sie die Optionen *Com+-Netzwerkzugriff, Remotedienstverwaltung, Remote-Ereignisprotokollverwaltung, Remoteereignisüberwachung* und auf Wunsch auch *Remoteherunterfahren* und *Remoteverwaltung geplanter Aufgaben*. Dadurch können Sie den Server von anderen Servern im Netzwerk aus effizient verwalten und auch die Ereignisanzeige öffnen.

Erstellen Sie eine Management-Konsole über die Eingabe von *mmc.exe* auf der Startseite in Windows Server 2012/2012 R2, können Sie mehrere Ereignisanzeigen parallel anbinden. Noch besser sind in diesem Fall aber Ereignis-Abonnements. Diese zeigen wir Ihnen in den nächsten Abschnitten ebenfalls.

Kommunikation von Apps durch die Windows-Firewall zulassen

Klicken Sie zum Hinzufügen, Ändern oder Entfernen zugelassener Apps und Ports auf "Einstellungen ändern".

Welche Risiken bestehen, wenn die Kommunikation einer App zugelassen wird?

[Einstellungen ändern]

Zugelassene Apps und Features:

Name	Domäne	Privat	Öffentlich
☑ Microsoft-Schlüsselverteilungsdienst	☑	☑	☑
☐ Netzwerkerkennung	☐	☐	☐
☑ RemoteApp- und Desktopverbindungsverwaltung	☑	☑	☑
☑ Remotedesktop	☑	☑	☐
☑ Remotedienstverwaltung	☑	☐	☐
☑ Remote-Ereignisprotokollverwaltung	☑	☐	☐
☑ Remoteereignisüberwachung	☑	☐	☐
☑ Remoteherunterfahren	☑	☐	☐
☑ Remoteverwaltung geplanter Aufgaben	☑	☐	☐
☐ Remotevolumeverwaltung	☐	☐	☐
☐ Routing und RAS	☐	☐	☐
☐ Schlüsselverwaltungsdienst	☐	☐	☐

[Details...] [Entfernen]

[Andere App zulassen...]

Über die Windows-Firewall-Einstellungen können Sie die Remoteverwaltung aktivieren

Nachdem Sie den Zugriff freigeschaltet haben, können Sie auf den Server und die Ereignisanzeige zugreifen, auch über das Netzwerk.

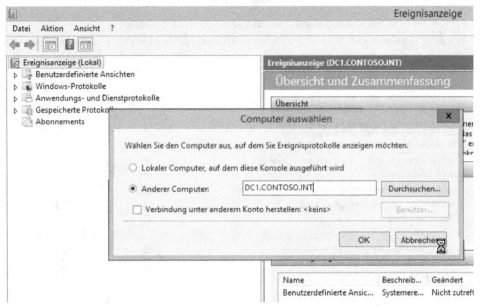

Die Ereignisanzeige können Sie auch über das Netzwerk nutzen

Ereignis-Abonnements zur Überwachung und Fehlerbehebung nutzen

Auf Windows-Servern haben Sie auch die Möglichkeit bestimmte Ereignisse anderer Server im Netzwerk zentral zu sammeln. So können Sie zum Beispiel bestimmte oder alle Fehlermeldungen auf den angebundenen Servern an einem zentralen Server sammeln und auf diesem die Ereignisanzeige überwachen. Im folgenden Abschnitt zeige ich Ihnen, wie Sie ein solches Abonnement in Sekundenschnelle einrichten und testen.

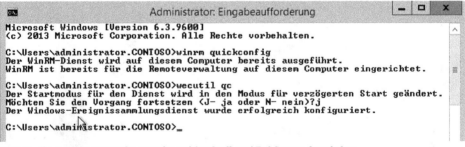

Ereignis-Abonnements müssen Sie zunächst auf den Quell- und Ziel-Servern freischalten

Auf dem Computer, der die Ereignisse anzeigen soll, und den Servern auf denen Sie die Ereignisse sammeln wollen, geben Sie in der Befehlszeile *winrm quickconfig* ein, damit die Remoteverwaltung funktioniert. Außerdem geben Sie noch den Befehl *wecutil qc* auf allen beteiligten Servern ein. Nehmen Sie das Computerkonto des Servers, der die Daten sammeln soll, in die lokale Administratorgruppe aller Server auf, die Ereignisse für den Sammlungsdienst bereitstellen sollen. Die lokale Benutzerverwaltung starten Sie am schnellsten über *lusrmgr.msc*. Auch auf dem Sammlungscomputer sollten Sie sein eigenes Konto aufnehmen. Danach richten Sie das Abonnement ein:

1. Nachdem Sie diese Befehle auf allen beteiligten Servern durchgeführt haben, öffnen Sie auf dem Server der die Ereignisse sammeln soll, auch Sammlungscomputer genannt, die Ereignisanzeige.

2. Klicken Sie auf *Abonnements* mit der rechten Maustaste und wählen Sie *Abonnement erstellen* aus.

3. Erhalten Sie die Meldung, dass noch ein Dienst gestartet werden muss, lassen Sie den Start zu.

4. Geben Sie im neuen Fenster dem Abonnement einen beliebigen Namen und Beschreibung ein.

5. Wählen Sie im Feld *Zielprotokoll* aus, wo die Ereignisse Ihrer Server gesammelt werden sollen. Standardmäßig ist hier das Protokoll *Weitergeleitete Ereignisse* aktiviert.

6. Aktivieren Sie die Option *Sammlungsinitiiert*.

7. Klicken Sie auf Computer auswählen.

8. Klicken Sie im neuen Fenster auf *Domänencomputer hinzufügen* und wählen Sie die Server aus, von denen Sie Ereignisse sammeln wollen.

9. Klicken Sie danach jeden Server an, und wählen Sie die Schaltfläche *Testen* um die Verbindung zu überprüfen.

10. Fügen Sie auf diesem Weg alle Server hinzu, von denen Sie Ereignisse sammeln wollen. Für jeden Server muss der Verbindungstest erfolgreich sein.

11. Klicken Sie im Hauptfenster des Abonnements bei *Zu sammelnde Ereignisse* auf *Ereignisse auswählen*.

12. Legen Sie im Fenster einen Filter fest, welche Ereignisse Sie erhalten wollen. Generell ist es sinnvoll *Kritisch* und *Fehler* zu aktivieren, da Sie ansonsten zu viele Meldungen erhalten. *Warnung* könnte generell auch noch sinnvoll sein. Die Einstellungen hier können Sie beliebig festlegen.

13. Außerdem können Sie im Fenster auch noch auswählen, welche Protokolle der Quell-Server nach den konfigurierten Ereignissen überwachen soll. Die Filter bieten an dieser Stelle zahlreiche Möglichkeiten.

14. Im Hauptfenster des Abonnements können Sie über *Erweitert* noch ein spezielles Benutzerkonto angeben, mit dem die Sammlung durchgeführt werden soll. Belassen Sie hier die Option *Computerkonto*, da Sie dieses bereits als Administrator auf den Quell-Computern definiert haben.

15. Speichern Sie die Anpassungen. Das Abonnement sollte an dieser Stelle als *Aktiv* angezeigt werden.

16. Sie haben an dieser Stelle natürlich die Möglichkeit auch mehrere Abonnements zu erstellen.

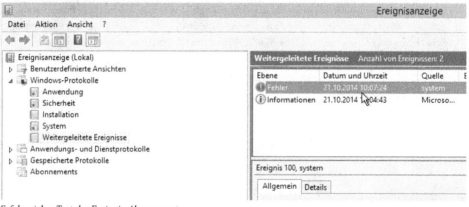

Über einen Filter legen Sie fest, welche Ereignisse im Abonnement gesammelt werden sollen

Nach einiger Zeit sollten Meldungen im Protokoll *Windows Protokoll\Weitergeleitete Ereignisse* erscheinen. Sie können das Abonnement testen, indem Sie auf einem Quell-Computer ein Ereignis mit dem passenden Filter erzeugen, und überprüfen ob dieses auf dem Sammlungscomputer angezeigt wird:

1. Öffnen Sie dazu auf dem Computer, der das Ereignis senden soll, eine Befehlszeile.

2. Geben Sie *eventcreate /t error /id 100 /l system /d „Test-Ereignis"* ein. Der Befehl erstellt im System-Protokoll einen Fehler mit der ID 100 und der Beschreibung „Test-Ereignis".

3. Überprüfen Sie, ob das Ereignis in der Ereignisanzeige erscheint.

4. Wenn das Abonnement funktioniert, sollte das Ereignis nach kurzer Zeit auf dem Sammlungscomputer erscheinen.

Erfolgreicher Test des Ereignis-Abonnements

Ereignisanzeige mit der PowerShell auslesen und filtern

Sie können Einträge in der Ereignisanzeige aber auch in der PowerShell anzeigen. Auf diesem Weg können Sie im Netzwerk wesentlich schneller arbeiten als mit der grafischen Oberfläche. Mit dem Befehl *get-eventlog system | application |security* können Sie die Ereignisanzeigen öffnen. In der PowerShell werden jetzt alle Einträge der PowerShell angezeigt. Sie haben die Möglichkeit die Ausgabe weiter zu filtern:

Get-eventlog system -newest 10 zeigt zum Beispiel die neusten 10 Einträge an.

Mit *Get-eventlog system -newest 10 -EntryType („Error")* werden nur die 10 aktuellsten Fehlermeldungen angezeigt.

Sie können den Befehl noch um die Anzeige der Warnungen erweitern:

Get-eventlog system -newest 10 -EntryType („Error", „Warning")

Die Ereignisanzeige können Sie auch in der PowerShell anzeigen lassen

Sie können aber noch weiter filtern lassen, zum Beispiel nach der Quelle des Ereignisses. Hier haben Sie auch die Möglichkeiten mit dem Platzhalter * zu arbeiten:

Get-eventlog system -newest 10 -Source „Net" -EntryType („Error", „Warning")*

Die Ausgabe können sie auch noch formatieren:

Get-eventlog system -newest 10-Source „Net" -EntryType („Error", „Warning") |ft TimeWritten, Source, EventID, Message -auto*

Bluescreens auf Windows-Servern

Wenn ein Treiber, eine Serveranwendung, oder eine defekte Hardware das Betriebssystem zum Absturz bringt, erscheint häufig ein Bluescreen. Standardmäßig ist Windows so eingestellt, dass das Betriebssystem nach einem Bluescreen automatisch neu startet. Hier besteht die Gefahr, dass der Server in einer endlosen Schleife hängt, wenn nach dem Neustart der Bluescreen erneut erscheint. Sie sollten daher in den Einstellungen von Windows-Servern die Option zum Neustart nach einem Bluescreen deaktivieren und außerdem festlegen, welche Daten Windows bei einem Bluescreen protokollieren soll. Die Daten können Sie dann mit Zusatztools auslesen, damit Sie einen Überblick erhalten, was den Fehler ausgelöst hat.

Dazu rufen Sie die Eigenschaften von *Dieser PC* oder *Computer* auf und klicken auf *Erweiterte Systemeinstellungen*. Wechseln Sie auf die Registerkarte *Erweitert* und klicken Sie bei *Starten und Wiederherstellen* auf *Einstellungen*.

Deaktivieren Sie die Option *Automatisch Neustart durchführen* und wählen Sie bei *Debuginformationen speichern* die Option *Kleines Speicherabbild*. Diese Informationen reichen in den meisten Fällen aus. Legen Sie noch fest, wo die Daten gespeichert werden sollen, wenn der Server abstürzt.

Mit dem kostenlosen Tool BlueScreenView von Nirsoft (http://www.nirsoft.net/utils/blue_screen_view.html) öffnen Sie die Dumpdateien von Bluescreen und erfahren so, welcher Treiber oder welches Programm den Absturz verursacht hat.

Sie müssen das Tool nicht installieren, sondern müssen es nur starten. Mit *File* öffnen Sie eine neue Datei. Das muss nicht auf dem gleichen Rechner erfolgen. Klicken Sie auf die Dumpdatei, sehen Sie im unteren Bereich mehr Informationen zum Dump und können über das Kontextmenü auch die Daten exportieren.

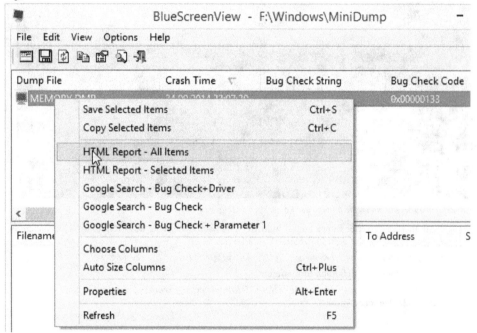

Anzeigen eines HTML-Berichtes oder Exportieren von Daten aus BlueScreenView

Sie sehen im unteren Bereich auch den genauen Inhalt des Bluescreens. Dazu können Sie über *Options\Lower Pane Mode\Bluescreen in XP Style* den gleichen Bildschirm anzeigen lassen, der auch beim Auslösen des Bluescreens erscheint.

Interessant ist im oberen Bereich häufig die Spalte *Caused by Driver*. Hier ist der Treiber zu sehen, der den Absturz verursacht hat, wenn diese Information in der Dumpdatei enthalten ist. Für die Recherche im Internet helfen oft auch die Werte in der Spalte *Bug Check Code*.

Dienste überprüfen und mit PowerShell und Befehlszeile neu starten

Geht es um die Fehlersuche, sollten Sie immer auch überprüfen ob alle notwendigen Systemdienste gestartet sind.

Starten Sie dazu das Tool *services.msc* und klicken Sie auf die Spalte *Starttyp*. Hier sehen Sie recht schnell welche Dienste zwar automatisch gestartet werden sollen, aber nicht gestartet sind. Starten Sie Systemdienste über das Kontextmenü. Funktioniert das nicht, erhalten Sie eine Fehlermeldung, die bei der Fehlersuche helfen kann. Außerdem werden Einträge in der Ereignisanzeige erstellt, die Sie wiederum auf Seiten wie eventid.net nutzen können. Macht ein Dienst Probleme, auch dann wenn er gestartet ist, starten Sie ihn über das Kontextmenü neu. Hilft auch das nicht, starten Sie den ganzen Server neu. Auch wenn das komisch klingt, bringt ein Neustart schon oft die Problemlösung.

Suchen Sie in der Ereignisanzeige nach den aktuellsten Einträgen oder lassen Sie die Protokolle in der Ereignisanzeige löschen, starten den Dienst und überprüfen dann die Ereignisprotokolle nach neuen Fehlern. So erhalten Sie zahlreiche Informationen über eventuelle Fehler, die Sie wiederum zur Recherche im Internet verwenden können.

Auch wenn ein Dienst gestartet ist, kann er Probleme bereiten, zum Beispiel der Exchange-Informationsspeicher-Dienst auf Exchange-Servern. Hier hilft ebenfalls oft auch der Neustart des Dienstes. Auch hier sollten Sie wieder die Ereignisanzeige nach Fehlern suchen.

Neben der grafischen Oberfläche können Sie Dienste auch in der PowerShell neu starten lassen. Dazu verwenden Sie das CMDlet *restart-service*, zum Beispiel *restart-service „WSUS-Dienst"*. In der Befehlszeile beenden Sie den Dienst mit *net stop <Dienst>* und starten den Dienst mit *net start <Dienst>* wieder.

Aktuelles Protokoll filtern

Filter	XML

Protokolliert: Jederzeit

Ereignisebene:
☑ Kritisch ☐ Warnung ☐ Ausführlich
☑ Fehler ☐ Informationen

◉ Per Protokoll **Protokolle:** Anwendung

○ Per Quelle **Quellen:**

Ereignis-IDs ein-/ausschließen: Durch Trennzeichen getrennte IDs bzw. ID-Bereiche eingeben. Zum Ausschließen von Kriterien Minuszeichen eingeben, z. B. 1,3,5-99,-76

<Alle Ereignis-IDs>

Aufgaben-kategorie:

Schlüsselwörter:

Benutzer: <Alle Benutzer>

Computer: <Alle Computer>

[Anzeige löschen]

[OK] [Abbrechen]

Die Ereignisanzeige können Sie filtern lassen um Fehler schneller zu finden

Neben diesen Möglichkeiten gibt es für einige Serverdienste, wie die Internetinformationsdienste eigene Befehle für den Neustart. Um Konfigurationsänderungen im IIS einzulesen, oder die notwendigen Dienste neu zu starten, verwenden Sie in der Befehlszeile oder PowerShell den Befehl *iisreset*. Mit der Option */noforce* stellen Sie sicher, dass keine Daten verloren gehen.

Starten Sie beim Neustart des IIS immer den Internetinformationsdienste-Manager und überprüfen Sie ob alle Webdienste und Webseiten fehlerfrei funktionieren.

```
╳                                          Administrator: Windows PowerShell

Windows PowerShell
Copyright (C) 2013 Microsoft Corporation. Alle Rechte vorbehalten.

PS C:\Users\administrator.CONTOSO> restart-service "WSUS-Dienst"
PS C:\Users\administrator.CONTOSO> cmd
Microsoft Windows [Version 6.3.9600]
(c) 2013 Microsoft Corporation. Alle Rechte vorbehalten.

C:\Users\administrator.CONTOSO>net stop "WSUS-Dienst"
WSUS-Dienst wird beendet.
WSUS-Dienst wurde erfolgreich beendet.

C:\Users\administrator.CONTOSO>net start "WSUS-Dienst"
WSUS-Dienst wird gestartet.
WSUS-Dienst wurde erfolgreich gestartet.

C:\Users\administrator.CONTOSO>iisreset /noforce

Es wird versucht, den Dienst zu beenden...     ▶
Internetdienste wurden erfolgreich beendet.
Es wird versucht, den Dienst zu starten...
Internetdienste wurden erfolgreich neu gestartet.

C:\Users\administrator.CONTOSO>iisreset

Es wird versucht, den Dienst zu beenden...
Internetdienste wurden erfolgreich beendet.
Es wird versucht, den Dienst zu starten...
Internetdienste wurden erfolgreich neu gestartet.
```

Dienste starten Sie in der PowerShell und der Befehlszeile neu

Namensauflösung testen und Netzwerkverbindungen überprüfen

Fehlerhafte Namensauflösungen und Netzwerkverbindungen sind die häufigsten Fehler in Netzwerken. Wenn ein Serverdienst auf einem oder mehreren Rechnern nicht mehr funktioniert, überprüfen Sie in der Befehlszeile zunächst mit *nslookup* ob der Name des Servers auf den beteiligten Rechnern noch aufgelöst werden kann.

Testen Sie außerdem mit *ping,* ob der Rechner im Netzwerk noch kommunizieren kann. Achten Sie aber darauf, dass in vielen Netzwerken das ICMP-Protokoll gesperrt ist. Dieses Protokoll ist für den Ping-Befehl verantwortlich.

Schon die einfache Eingabe von *nslookup* auf dem Server zeigt an, ob der Name aufgelöst werden kann oder nicht. Stellen Sie in diesem Fall auf dem DNS-Server sicher, dass der Name des Rechners korrekt in der DNS-Zone eingetragen ist und auch die richtige IP-Adresse verwendet wird.

Geben Sie in *nslookup* noch den FQDN der beteiligten Server an und überprüfen Sie, ob die Namen alle korrekt aufgelöst werden können. Mit STRG+C verlassen Sie nslookup.

Wenn die Namensauflösung funktioniert, testen Sie mit *ping* die Netzwerkkommunikation. Stellen Sie bei Problemen mit der Namensauflösung auch sicher, ob in den Netzwerkeinstellungen auf dem Rechner der korrekte DNS-Server eingetragen ist. Am schnellsten starten Sie die Konfiguration der Netzwerkverbindung mit *ncpa.cpl.*

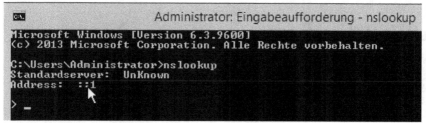

```
Administrator: Eingabeaufforderung - nslookup
Microsoft Windows [Version 6.3.9600]
(c) 2013 Microsoft Corporation. Alle Rechte vorbehalten.

C:\Users\administrator.CONTOSO>nslookup
Standardserver:  UnKnown
Address:   192.168.178.9

> s1.contoso.int
Server:   UnKnown
Address:   19 .168.178.9

Name:     s1.contoso.int
Address:   192.168.178.219

> _
```

nslookup hilft bei der Überprüfung der Namensauflösung im Netzwerk

Wenn auf den Clients der korrekte DNS-Server eingetragen ist, die Namensauflösung aber trotzdem nicht funktioniert, starten Sie die DNS-Verwaltung auf dem DNS-Server, und überprüfen Sie die Einträge der Namen und der IP-Adresse.

Es ist für die Stabilität durchaus sinnvoll auch mit einer Reverse-Zone arbeiten. Diese kann die IP-Adresse von Rechnern zu einem Servernamen auflösen. Dadurch vermeiden Sie Probleme bei der Namensauflösung.

Auf den DNS-Servern sollten Sie in den Einstellungen von IPv6 noch das automatische Abrufen der IP-Adresse aktivieren, da ansonsten der Eintrag ::1 Fehler bei der lokalen Überprüfung von IP-Adressen machen kann. Das spielt zwar generell für die Stabilität keine Rolle, ist aber nicht ideal bei Tests und der Anzeige der korrekten Namen. Standardmäßig versucht Windows Server 2012 R2 den Namen nach der IPv6-Adresse aufzulösen, was in unschönen Meldungen resultiert.

```
Administrator: Eingabeaufforderung - nslookup
Microsoft Windows [Version 6.3.9600]
(c) 2013 Microsoft Corporation. Alle Rechte vorbehalten.

C:\Users\Administrator>nslookup
Standardserver:  UnKnown
Address:   ::1

> _
```

Durch einen weniger optimalen Eintrag in IPv6 der Netzwerkverbindung von DNS-Servern erhalten Sie Fehlermeldungen bei der Namensauflösung

Unabhängig davon, ob Sie IPv6 verwenden oder nicht, sollten Sie den Eintrag in der IPv6-Einstellung der Netzwerkverbindung des DNS-Servers auf *DNS-Serveradresse automatisch beziehen* setzen. Bei den IPv4-Einstellungen tragen Sie entweder die IP-Adresse des lokalen Servers ein, oder die IP-Adresse eines anderen DNS-Servers im Netzwerk. Sie sollten als primäre DNS-Server-Adresse immer eine IP-Adresse eines anderen DNS-Servers im Netzwerk verwenden und als sekundäre erst seine eigene.

Reverse-Lookup-Zonen erstellen Sie über einen Assistenten in der DNS-Verwaltung, genauso wie primäre DNS-Zonen. Wählen Sie die Erstellung einer IPv4-Zone und geben Sie das Subnetz ein, welches die Zone abdecken soll. Nach und nach tragen sich die Server in der Zone ein. Sie können das mit *ipconfig /registerdns* beschleunigen.

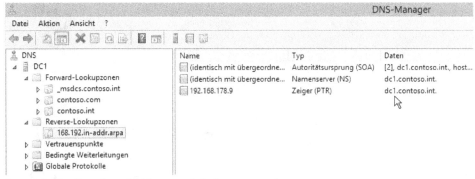

Reverse-Lookup-Zonen lösen IP-Adressen nach Rechnernamen auf

Nachdem sich die Server korrekt eingetragen haben, und Sie die DNS-Einstellungen und Einstellungen für IPv6 und IPv4 korrekt gesetzt haben, lassen sich Servernamen und IP-Adressen fehlerfrei auflösen. Dadurch können Serverdienste besser miteinander kommunizieren. Wenn der Cache von DNS auf dem lokalen Rechner noch den falschen Eintrag enthält, löschen Sie diesen mit *ipconfig /flushdns*.

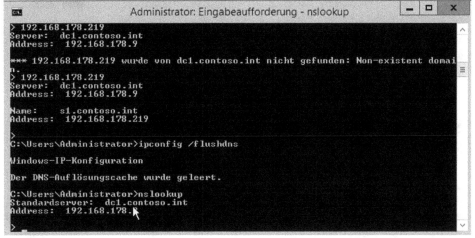

Die Namensauflösung im Netzwerk muss fehlerfrei funktionieren, damit auch Serverdienste besser miteinander kommunizieren können.

Ein wichtiger Befehl dazu ist auch *resolve-dnsname* http://technet.microsoft.com/en-us/library/jj590781.aspx. Dieser steht allerdings nur ab Windows Server 2012 R2 und Windows 8.1 zur Verfügung.

Wollen Sie zum Beispiel in aller Schnelle eine Namensauflösung für einen Server mit allen notwendigen Host-Einträgen, TTL und IP-Adressen durchführen, geben Sie einfach *resolve-dnsname <Name des Rechners>* ein.

Resolve-DnsName -type all <DNS-Zone> zeigt wichtige Informationen zur eigentlichen DNS-Zone an.

Um den Namen eines Computers auf Basis der IP-Adresse aufzulösen, verwenden Sie einfach *resolve-dnsname <IP-Adresse>*.

Wenn Sie in der PowerShell Namensabfragen durchführen, können Sie auch gleich die Netzwerkverbindungen testen. Zwar können Sie weiterhin auch das Tool *ping.exe* nutzen, aber in der PowerShell finden Sie mit *Test-Connection* auch hier ein besseres Tool.

Test-Connection kann zum Beispiel mehrere Rechner einmal testen. Dazu geben Sie einfach den Befehl ein und danach eine Liste der Rechner, die Sie überprüfen wollen. Wollen Sie den Befehl in eine Zeile schreiben, zum Beispiel für Skripte, verwenden Sie die Syntax:

Test-Connection -Source <Quelle1>, <Quelle2> -ComputerName <Ziel1>, Ziel2>

Mehr zu diesem Thema lernen Sie in verschiedenen Artikeln auf meinem Blog, meinem Handbuch zu Windows Server 2012 R2 und meinen zahlreichen Video-Trainings. Sehen Sie sich dazu einfach die Links auf meinem Blog an (http://thomasjoos.wordpress.com).

Ressoucenmonitor und Leistungsüberwachung für die Fehlersuche verwenden

Reagiert ein Server langsam, sollten Sie mit *perfmon /res* zunächst den Ressourcenmonitor öffnen. Hier erkennen Sie sehr schnell ob CPU, Datenträger, Netzwerk oder Arbeitsspeicher ausgelastet sind, und welche Prozesse die Ressourcen auslasten. Sie können durch Klick auf die Spalten auch nach verschiedenen Kriterien filtern lassen.

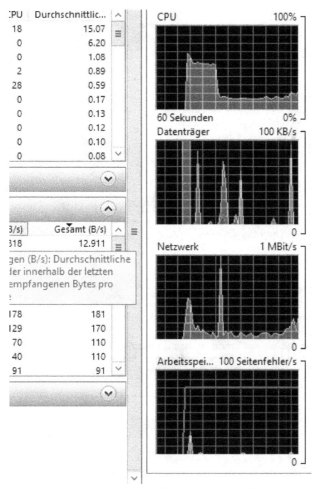

Der Resssourcenmonitor zeigt an, welche Prozesse die Hardware belasten

Auch der Taskmanager hilft in diesem Bereich, vor allem die Registerkarte *Details*. Wichtig ist, dass der Leerlauf-Prozess über genügend Ressourcen verfügt.

Starten Sie durch Eingabe von *perfmon* die Leistungsüberwachung, können Sie über den Bereich *Datensammlersätze\System* schon einige vorbereitete Tests starten lassen, über die Sie Serverdienste schnell und einfach überprüfen können.

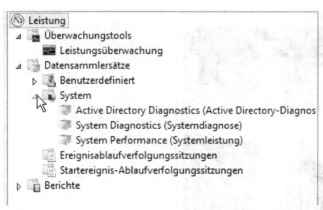

Mit der Leistungsüberwachung starten Sie vorgefertigte Datensammlersätze

Interessant ist in diesem Bereich die *Active Directory Diagnostics*. Auf diese gehen wir noch im Bereich zur Fehlerbehebung von Active Directory ein.

Nachdem Sie den Datensammlersatz angehalten haben, finden Sie im Bereich *Berichte\System\Active Directory Diagnostics* den Bericht zur Analyse. Über das Kontextmenü können Sie einzelne Indikatoren ein- und ausblenden und die Daten formatieren.

Neben den Datensammlersätzen können Sie in der Leistungsüberwachung natürlich auch eigene Indikatoren zur Überwachung hinzufügen. Dazu klicken Sie auf *Leistungsüberwachung*, wenn Sie *perfmon* gestartet haben.

Über das grüne Pluszeichen fügen Sie Indikatoren hinzu. In meinem Handbuch zu Windows Server 2012 R2 finden Sie umfangreiche Anleitungen zum Thema und auch in meinem Videotraining zum Troubleshooting in Windows-Netzwerken. Die Links dazu finden Sie auf meinem Blog: http://thomasjoos.wordpress.com.

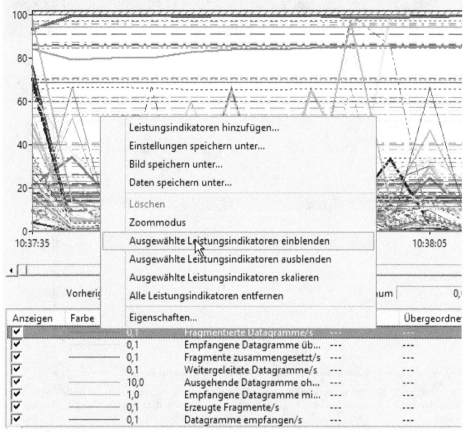

Den Bericht eines Datensammlersatzes können Sie nachträglich formatieren

Server-Manager zur Fehlersuche nutzen

Der Server-Manager in Windows Server 2012 und Windows Server 2012 R2 ist ein wertvolles Werkzeug für die Fehlersuche. Sie sehen nach dem Start eine Information über den Zustand aller angebundenen Server und deren Rolle. Server mit Fehler erscheinen grün, Server mit Fehlern rot. Klicken Sie auf eine rote Kachel, zeigt der Server-Manager die Fehler an.

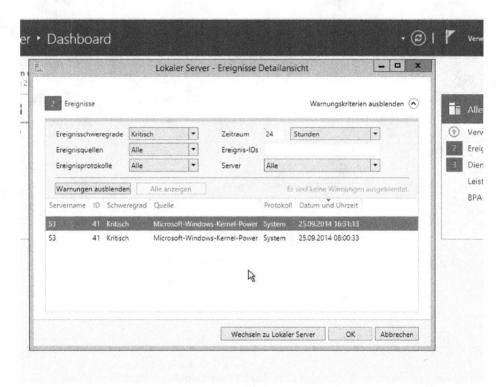

Der Server-Manager in Windows Server 2012 R2 zeigt Probleme mit Serverrollen an

Damit Sie auch die Fehler anderer Server sehen, müssen Sie zunächst im Server-Manager über *Verwalten\Server hinzufügen* alle Server anbinden, die Sie mit dem Server-Manager überwachen wollen.

Arbeiten Sie im Netzwerk mit Windows 8.1 und den Remoteserver-Verwaltungstools (RSAT) für Windows 8.1 (http://www.microsoft.com/de-de/download/details.aspx?id=39296), können Sie auf der Arbeitsstation ebenfalls den Server-Manager öffnen und auch hier alle gewünschten Server anbinden. Microsoft stellt auch RSAT für Windows 7 und Windows 10 zur Verfügung.

Nach der Anbindung, sehen Sie links im Server-Manager alle Serverrollen und die beteiligen Server. Klicken Sie auf *Alle Server*, sehen Sie alle angebundenen Server und deren Status.

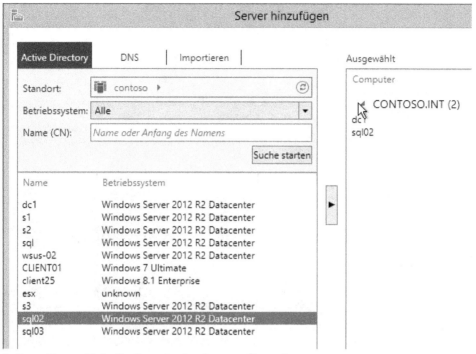

Im Server-Manager binden Sie alle gewünschten Server zur Überwachung an

Achten Sie auch darauf, auf jedem Server mit Windows Server 2012 und Windows Server 2012 R2, über das Kontextmenü der Spalte *Verwaltbarkeit* die Online-Leistungsindikatoren zu starten. Das hilft dabei, dass der Server-Manager den Zustand der anderen Server recht zuverlässig überwachen kann, auch ohne dass Sie mit Zusatzwerkzeugen arbeiten müssen.

Im Bereich *Alle Server* sehen Sie alle relevanten Ereigniseinträge aller angebundenen Server. In den einzelnen Servergruppen der installierten Serverrollen können Sie sich die Meldungen der Server im Einzelnen anzeigen lassen.

Der Bereich *Dashboard* zeigt den Zustand aller angebundenen Server an. Sobald Sie einen neuen Server im Server-Manager integrieren, wird dieser in den entsprechenden Servergruppen automatisch aufgenommen. Das Einlesen der neuen Server ist abgeschlossen, wenn die Laufbalken am oberen Rand verschwinden.

Im unteren Bereich des Server-Managers finden Sie für jede Servergruppe den Bereich *Best Practices Analyzer*. Klicken Sie in diesem Kasten auf *Aufgaben\BPA-Überprüfung starten*, können Sie alle Server mit der entsprechenden Serverrolle auf korrekte Konfiguration hin überprüfen lassen. Wenn die Überprüfung abgeschlossen ist, erhalten Sie im Kasten *Best Practices Analyzer* entsprechende Hinweise.

Klicken Sie auf eine Meldung des BPA, erhalten Sie auch Hinweise, wie Sie das Problem lösen können und welche Auswirkungen das Problem hat.

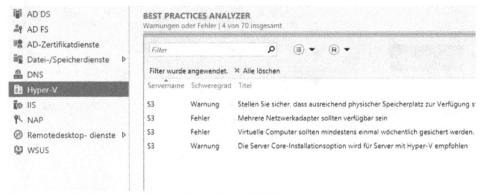

Verwenden des Best Practices Analyzer in Windows Server 2012 R2

Bootzeiten analysieren und Startprobleme beheben

In der Ereignisanzeige sehen Sie im Bereich *Anwendungs- und Dienstprotokolle\Microsoft\Windows\Diagnostics-Performance\Betriebssbereit* erhalten Sie Informationen zur Leistung des Computers und die Dauer für das Herunterfahren und das Starten des Rechners.

Suchen Sie dazu nach der Ereignis-ID 100. Über die rechte Maustaste des Protokolls filtern Sie nach der ID 100. Überprüfen Sie verschiedene Einträge, erkennen Sie wann sich die Bootzeit des Rechners verändert hat.

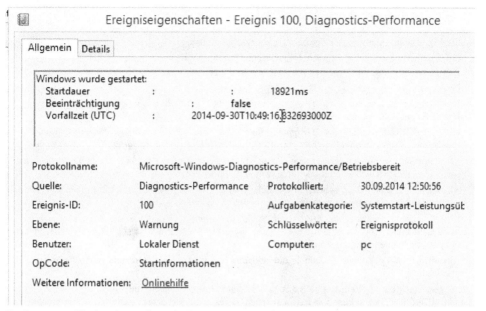

Ereigniseigenschaften - Ereignis 100, Diagnostics-Performance

Allgemein | Details

Windows wurde gestartet:
   Startdauer   :   :   18921ms
   Beeinträchtigung   :   false
   Vorfallzeit (UTC)   :   2014-09-30T10:49:16.832693000Z

Protokollname:	Microsoft-Windows-Diagnostics-Performance/Betriebsbereit		
Quelle:	Diagnostics-Performance	Protokolliert:	30.09.2014 12:50:56
Ereignis-ID:	100	Aufgabenkategorie:	Systemstart-Leistungsüb
Ebene:	Warnung	Schlüsselwörter:	Ereignisprotokoll
Benutzer:	Lokaler Dienst	Computer:	pc
OpCode:	Startinformationen		

Weitere Informationen: Onlinehilfe

Die Bootzeit von Windows können Sie in der Ereignisanzeige analysieren

Der erste Schritt beim Optimieren der Bootzeit eines Rechners sollte darin bestehen die Autostart-Programme nach unnötigen Einträgen zu durchsuchen. Am besten hilft dabei Autoruns (http://technet.microsoft.com/de-de/sysinternals/bb963902.aspx) von Microsoft. Starten Sie das Tool mit Administrator-Rechten und deaktivieren oder löschen Sie alle unnötigen Einträge.

Microsoft bietet mit dem Windows Performance Analyzer ein kostenloses Tool, mit dem Sie Leistungsprobleme in Windows finden und beheben. Das Tool kann auch Probleme beim Bootvorgang messen. Windows Performance Analyzer ist Bestandteil des kostenlosen Windows 8.1 Update ADK (http://www.microsoft.com/de-de/download/details.aspx?id=39982) oder des Windows SDK 7.1 für Windows 7 (http://www.microsoft.com/en-us/download/details.aspx?id=8279). Ich zeige Ihnen das Tool in einem eigenen Abschnitt, gehe aber nachfolgend auf das Messen des Bootverhaltens eines Rechners ein.

Nach der Installation des Windows Performance Toolkits, können Sie sich an das Messen des Boot-Vorgangs machen. Die folgende Vorgehensweise funktioniert mit Windows 7/8.1 und Windows Server 2008 R2/2012 und Windows Server 2012 R2. Dazu gehen Sie folgendermaßen vor:

1. Öffnen Sie eine Befehlszeile mit Administratorrechten.

2. Geben Sie den Befehl *xbootmgr -trace boot -resultpath c:\temp* ein.

3. Sofort nach der Eingabe wird der Rechner neu gestartet. Während des Vorgangs analysiert das Tool den Boot-Vorgang und startet den Rechner neu.

4. Lassen Sie die Messung weiterlaufen, bis alle Programme gestartet sind, auch dann wenn der Rechner bereits gestartet ist. Beenden Sie dann die Messung mit *Finish*.

5. Wenn die Analyse beendet ist, sollten Sie noch eine Eingabeaufforderung mit Administratorrechten öffnen und den Befehl *xbootmgr -remove* eingeben. Dieser beendet alle aktuellen Messvorgänge auf dem Server. Wollen Sie das Herunterfahren des Rechners messen, verwenden Sie *xbootmgr -trace shutdown c:\temp*. Anleitungen zu diesem Thema sind auch in diesen Videos

(https://www.video2brain.com/de/videotraining/windows-performance-toolkit) zu sehen.

Nachdem die Messung beendet ist, können Sie die Logdatei dazu verwenden genau zu analysieren welches Programm oder welcher Treiber den Startvorgang verzögert:

1. Öffnen Sie *Windows Performance Analyzer* aus dem Startmenü oder der Startseite.
2. Öffnen Sie über den Menüpunkt *File* die erstellte ETL-Datei aus dem festgelegten Verzeichnis.
3. Der Analyzer öffnet die Datei und zeigt die Informationen gruppiert an. Rechts befindet sich das Hauptfenster in dem Sie genauere Analysen durchführen können. Die Gruppen auf der linken Seite lassen sich aufklappen um weitere Informationen zu erhalten.
4. Über das Kontextmenü der Gruppen, fügen Sie die einzelnen Überwachungsbereiche zur Analyseseite hinzu. Sinnvoll ist hier zum Beispiel der Bereich *Computation\CPU Usage (Sampled)*.
5. Im Hauptfenster auf der rechten Seite, sind die genauen Daten zu sehen die beim Messvorgang anfallen. Hier lässt sich schnell erkennen wann CPU oder Arbeitsspeicher stark belastet sind.
6. Markieren Sie einen stark belasteten Bereich, können Sie über das Kontextmenü in diesen Bereich zoomen und erhalten noch genauere Informationen.
7. In der Tabelle rechts sehen Sie in der Spalte *%Weight* welche Prozesse die CPU-Last genau verursacht haben und damit den Bootvorgang bremsen. Diese Prozesse sollten Sie optimieren oder die entsprechenden Programme entfernen.
8. Auf diesem Weg können Sie auch die anderen Ressourcen des Rechners auch Verzögerungen überprüfen.

Auch der Start der Systemdienste ist ein wichtiger Punkt. Diese Startzeiten sind über *System Activitiy\Windows Logon und Services* zu sehen. Hier sind die Startzeiten von Programmen und Diensten schnell zu erkennen.

In der Tabelle sehen Sie in den Spalten *Started At* und *Ended At* den Startzeitraum. Markieren Sie einen Verlauf im Chart, werden die Informationen zu den Programmen und Diensten automatisch in der Tabelle und der linken Seite hervorgehoben.

In der Analyse der ETL-Datei sind im unteren Bereich auch die Systemdienste zu sehen. Hier erkennen Sie, wann ein Dienst gestartet wurde und wie lange das gedauert hat. Bremsen Dienste den Systemstart aus, können Sie über die Eigenschaften des Dienstes einen verzögerten Start aktivieren, oder den Dienst deaktivieren. Bei der grünen Raute wird der Dienst gestartet, bei der roten Raute ist der Dienst gestartet. Je länger der Messbalken, umso länger dauert der Start.

Neben den Diensten sollte in der Analyse auch die Option *Winlogon* beachtet werden. Hier ist zu sehen welche Programme mit Windows starten. Auch hier lassen sich Bremsen schnell finden und lösen. Mehr zum Windows Performance Toolkit finden Sie weiter hinten in diesem Buch

Active Directory-Datenbank reparieren

Auf Windows-Servern haben Sie auch die Möglichkeit die Datenbank von Active Directory zu reparieren. Dazu öffnen Sie eine Befehlszeile und beenden die Dienste für Active Directory auf dem Server. In diesem Fall können sich Anwender aber nicht mehr an diesem Server anmelden.

Die Domänendienste beenden Sie mit *net stop ntds*. Danach starten Sie eine Überprüfung der Active Directory-Domänendienste:

1. Geben Sie *ntdsutil* ein.
2. Geben Sie *activate instance ntds* ein.
3. Geben Sie *files* ein. Die Active Directory-Datenbank befindet sich im Verzeichnis *C:\Windows\NTDS* in der Datei *ntds.dit*.

4. Geben Sie *integrity* ein und lassen Sie die Datenbank überprüfen.
5. Geben Sie *quit* ein, bleiben Sie aber in *ntdsutil*.
6. Geben Sie *semantc database analysis* ein. Bei diesem Vorgang wird die Datenbank überprüft.
7. Geben Sie für eine gründliche Überprüfung *go fixup* ein.
8. Starten Sie den Domänencontroller neu, damit alle notwendigen Dienste wieder gestartet werden.

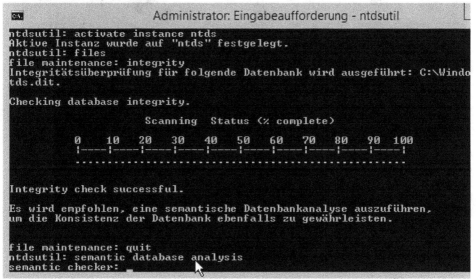

Die Active Directory-Datenbank können Sie schnell und einfach in der Befehlszeile reparieren

Active Directory-Domänencontroller überprüfen und Fehler beheben

Um die Active Directory-Replikation zu beheben, sollten Sie im ersten Schritt sicherstellen, dass die Namensauflösung im Netzwerk funktioniert. Diese ist Grundlage für die AD-Replikation.

Die wichtigsten Bereiche für die Fehlerbehebung der Replikation finden Sie in der Befehlszeile. Ziel der Fehlerbehebung in AD ist zunächst, dass Sie den Fehler so schnell wie möglich eingrenzen und sich nicht der Optimierung von weniger starken Fehlern widmen, sondern genau überprüfen was nicht funktioniert und warum. Haben Sie den gröbsten Fehler behoben, können Sie recht einfach weiteren Fehlern nachgehen.

Mit *dcdiag /v* lassen Sie eine gründliche Überprüfung von Active Directory durchführen. Erscheinen hier Fehler haben Sie oft schon die Ursache für Replikationsfehler gefunden. Geben Sie die Fehler in Google ein, erhalten Sie oft schon einige Hinweise zur Fehlerbehebung. Mit *dcdiag /a* überprüfen Sie alle Domänencontroller am aktuellen AD-Standort, *dcdiag /e* überprüft alle Domänencontroller in der Gesamtstruktur.

Wollen Sie nur Fehler angezeigt bekommen, verwenden Sie *dcdiag /q*. Wollen Sie nur einen einzelnen DC über das Netzwerk testen, verwenden Sie *dcdiag /s:<Name des Domänencontrollers>*.

Erhalten Sie Fehler, sollten Sie zunächst den Server neu starten und danach sicherstellen welche Einträge es in der Ereignisanzeige gibt und ob alle Dienste gestartet sind, zum Beispiel der Systemdienst für den DNS-Server und der Systemdienst für Active Directory.

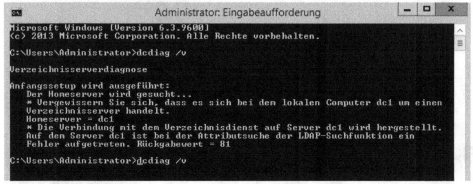

Dcdiag/v zeigt recht schnell Fehler in Active Directory an

Überprüfen Sie alle Fehler in *dcdiag*, und suchen Sie danach im Internet. Mit *dcdiag /v >c:\temp\dcdiag.txt* können Sie alle Daten direkt in eine Textdatei umleiten lassen. Auf diesem Weg können Sie die Daten direkt aus der Datei kopieren und nach Fehlern suchen.

Die verschiedenen Advertising-Tests und die Tests der FSMO-Rollen müssen auf jeden Fall problemlos funktionieren. Zusammen mit *nslookup* und *ping* können Sie auf diesem Weg auch die Namensauflösung und Kommunikation der DCs untereinander testen.

Repadmin /showreps zeigt die Replikationen der Domänencontroller an. Können sich einzelne Domänencontroller nicht replizieren, sehen Sie recht schnell welcher DC die Quelle ist. Mit *repadmin /showreps >c:\rep.txt* lassen Sie die Daten in eine Textdatei umleiten.

Mit *repadmin /showreps * /csv > reps.csv* leiten Sie die Replikationsinformationen in eine CSV-Datei um. Diese können Sie zum Beispiel in Excel importieren um Fehler besser beheben zu können.

Noch genauer können Sie die Replikation mit dem *Microsoft AD Replication Status Tool* (http://www.microsoft.com/en-us/download/details.aspx?id=30005) testen. Das Tool installieren Sie auf einer Arbeitsstation mit installierten Remoteserver-Verwaltungstools oder direkt auf einem Domänencontroller.

Nach dem Start des Tools verbinden Sie sich mit dem Active Directory. Im Fenster sehen Sie alle erfolgreichen und erfolglosen Replikationsverbindungen Ihrer Domönencontroller. Wählen Sie auf der linken Seite aus welche Domäne oder Gesamtstruktur Sie überprüfen wollen. Danach lassen Sie mit *Refresh Replication Status* die Daten einlesen. Bei *Replication Status Viewer* sehen Sie die genauen Daten.

Überprüfen Sie in der Konsole *Active Directory-Standorte und -Dienste* im Bereich *Sites\<Name des Standortes\Server*, ob alle Domänencontroller aufgelistet wurden. Unterhalb jedes Domänencontrollers finden Sie noch den Eintrag *NTDS Settings*. Klicken Sie auf diesen, sehen Sie rechts im Fenster die Replikationsverbindungen mit anderen DCs. Diese werden automatisch erstellt. Über das Kontextmenü können Sie manuell eine Replikation starten. Erscheint hier ein Fehler, müssen Sie überprüfen, warum die Domänencontroller nicht miteinander kommunizieren können.

Zusätzlich sollten Sie überprüfen, ob alle Domänencontroller korrekt in AD registriert sind. Dazu verwenden Sie den Befehl *nltest /dclist:Contoso*. Überprüfen Sie für die einzelnen Domänencontroller, ob sie ihren eigenen Standort kennen: *nltest /dsgetsite*.

```
C:\Users\Administrator>nltest /dsgetsite
Bad-Wimpfen
Der Befehl wurde ausgeführt.

C:\Users\Administrator>nltest /dclist:contoso
Liste der Domänencontroller (DCs) in Domäne 'contoso' von '\\DC1' abrufen.
    dc1.contoso.int [PDC] [DS] Standort: Bad-Wimpfen
Der Befehl wurde ausgeführt.

C:\Users\Administrator>_
```

Mit nltest überprüfen Sie die Domänencontroller im Netzwerk

Achten Sie darauf, dass alle Domänencontroller mit ihrem DNS-Namen erscheinen. Ist das nicht der Fall, überprüfen Sie, ob auf dem Domänencontroller der korrekte DNS-Server eingetragen ist, in der DNS-Zone der Server und dessen IP-Adresse aufgenommen wurde, und schließlich dass die Namensauflösung mit *nslookup* funktioniert.

Den Status der Replikation erfahren Sie auch in der PowerShell. Dazu verwenden Sie das Cmdlet *Get-ADReplicationUpToDatenessVectorTable <Name des Servers>*. Eine Liste aller Server erhalten Sie mit:

Get-ADReplicationUpToDatenessVectorTable * | Sort Partner,Server | ft Partner,Server,UsnFilter

Wenn Sie die Namensauflösung und die Netzwerkverbindung überprüft haben, und sich der Domänencontroller immer noch nicht replizieren kann, versuchen Sie eine weitere Vorgehensweise. Auf diese gehen wir nachfolgend ein.

Active Directory verwendet einen integrierten Dienst, der die Replikation steuert. Knowledge Consistency Checker (KCC) verbindet die Domänencontroller der verschiedenen Standorten und erstellt automatisch eine Replikationstopologie auf Basis der definierten Zeitpläne und Standortverknüpfungen.

Funktioniert eine Replikationsverbindung nicht, müssen Sie für jeden Server die Server-GUID auslesen. Dazu verwenden Sie den Befehl *repadmin /showreps*. Jeder Server zeigt im Fenster die *DSA-Objekt-GUID* an. Diese müssen Sie für das Hinzufügen einer Verbindung verwenden.

```
C:\Users\Administrator>repadmin /showreps
Bad-Wimpfen\DC1
DSA-Optionen: IS_GC
Standortoptionen: (none)
DSA-Objekt-GUID: e8b4bce7-13d4-46bb-b521-8a8ccfe4ac06
DSA-Aufrufkennung: e8b4bce7-13d4-46bb-b521-8a8ccfe4ac06
```

In der Befehlszeile zeigen Sie die Objekt-GUID eines Domänencontroller an

Die GUID verwenden Sie anschließend mit dem Befehl *repadmin /add*. Der Domänennamen für dieses Beispiel ist *contoso.int*.Die Server-GUIDs für die beiden DCs sind:

DC1 GUID = e8b4bce7-13d4-46bb-b521-8a8ccfe4ac06

DC5 GUID = d48b4bce7-13d4-444bb-b521-7a8ccfe4ac06

In Active Directory-Standorte und Dienste löschen Sie alle Verbindungsobjekte. Erstellen Sie als Nächstes eine neue Verbindung vom defekten DC zu einem funktionierenden DC. Der Befehl ist folgender:

repadmin   /add   "cn=configuration,dc=contoso,dc=int"   e8b4bce7-13d4-46bb-b521-8a8ccfe4ac06._msdcs.contoso.int d48b4bce7-13d4-444bb-b521-7a8ccfe4ac06._msdcs.contoso.int

In Ihrer Umgebung verwenden Sie Ihre eigenen Server-GUIDs und Ihren eigenen Domänennamen. Der Rest der Eingabe ist identisch.

Während dieser Prozedur erhalten manchmal den Fehler *8441 (distinguished name already exists)*. In diesem Fall ist die Verbindung schon vorhanden. Führen Sie eine vollständige Replikation über die erstellte Verbindung durch. Verwenden Sie dazu den folgenden Befehl:

repadmin /sync cn=configuration, dc=contoso,dc=int DC1 e8b4bce7-13d4-46bb-b521-8a8ccfe4ac06 /force /full

Stellen Sie danach im Snap-In *Active Directory-Standorte und Dienste* sicher, dass es wieder automatisch generierte Verbindungsobjekte von der defekten Maschine zum funktionierenden DC gibt. Stellen Sie danach sicher, dass die Replikation in alle Richtungen funktioniert.

Außerdem sollten Sie überprüfen, ob die einzelnen FSMO-Rollen im Netzwerk korrekt bekannt sind. Diese lassen Sie sich gebündelt mit *netdom query fsmo* anzeigen oder einzeln über die Befehle *dsquery server -hasfsmo pdc* (PDC-Master), *dsquery server -hasfsmo rid* (RID-Master), *dsquery server -hasfsmo infr* (Infrastruktur-Master), *dsquery server -hasfsmo schema* (Schemamaster) und *dsquery server - hasfsmo name* (Domänennamenmaster).

Sammeln Sie Fehler und grenzen Sie diese auf einzelne DCs ein. Suchen Sie nach spezifischen Fehlern im Internet, finden Sie in den meisten Fällen eine Problemlösung.

```
C:\Users\Administrator>netdom query fsmo
Schemamaster                dc1.contoso.int
Domänennamen-Master         dc1.contoso.int
PDC                         dc1.contoso.int
RID-Pool-Manager            dc1.contoso.int
Infrastrukturmaster         dc1.contoso.int
Der Befehl wurde ausgeführt.
```

Die FSMO-Rollen müssen auf den Domänencontrollern aufgelöst werden

Interessant für eine Analyse von Active Directory ist in der Windows-Leistungsüberwachung (*perfmon.msc*) der Bereich *Datensammlersätze\System\Active Directory Diagnostics*. Durch einen Klick auf das grüne Dreieck in der Symbolleiste, startet der Sammlungssatz.

Nach einiger Zeit muss die Messung über das Kontextmenü des Sammlungssatzes beendet werden. Danach können Sie sich den Bericht über *Berichte\System\Active Directory Diagnostics* mit den Daten der letzten Messung anzeigen lassen.

Die Sicherung von Active Directory erfolgt zusammen mit der Sicherung von anderen wichtigen Systemkomponenten eines Servers. Bei dieser Sicherung, die auch durch das Windows-eigene Datensicherungsprogramm durchgeführt werden kann, werden alle Daten, die Active Directory benötigt, ebenfalls gesichert. Aktivieren Sie bei der Sicherung die Optionen *Systemstatus* und *System-reserviert*, damit notwendige Daten zur Wiederherstellung von Active Directory mitgesichert werden. Auch die Bare-Metal-Daten sollten Sie sichern lassen.

Soll ein Domänencontroller beim nächsten Start mit dem Verzeichnisdienst-Wiederstellungsmodus gestartet werden, geben Sie den Befehl *bcdedit /set safeboot dsrepair* ein. Befindet sich der Server im Verzeichnisdienst-Wiederherstellungsmodus, wird mit dem Befehl *bcdedit /deletevalue safeboot* beim nächsten Mal wieder normal gestartet.

Probleme mit Gruppenrichtlinien beheben

Wenn Gruppenrichtlinien auf einzelnen Rechnern nicht korrekt angewendet werden, können Sie das kostenlose Microsoft Tool *Group Policy Log View* (http://www.microsoft.com/en-us/download/details.aspx?id=11147) verwenden um die Fehler genauer einzugrenzen. Installieren Sie das Tool auf einem Rechner den Sie analysieren wollen oder einer Arbeitsstation. Grundsätzlich brauchen Sie für die Messung auf Computern nur die ausführbare Datei des Tools.

Nachdem das Tool installiert ist, öffnen Sie eine Befehlszeile mit Administratorrechten. Wechseln Sie in das Verzeichnis, in das Sie das Tool installiert haben. Geben Sie zur Überwachung der Gruppenrichtlinien den Befehl *gplogview -o gpevents.txt* ein.

Das Tool analysiert jetzt alle Einträge der Gruppenrichtlinien und zeigt im Verzeichnis eine Textdatei an, in der die Fehler zu den Gruppenrichtlinien gesammelt werden.

```
gpevent.txt - Editor

Die Initialisierungsphase des Gruppenrichtliniendiensts wurde gestartet.
Der Gruppenrichtliniendienst wurde gestartet.
Die Initialisierungsphase des Gruppenrichtliniendiensts wurde erfolgreich a
Der Gruppenrichtlinienclient-Dienst ist derzeit als freigegebener Dienst kc
Die aktuelle Dienstkonfiguration für den Gruppenrichtlinienclient-Dienst wi
Der Dienstinstanzstatus wird initialisiert, um vorherige Instanzen des Dier
Es wurde eine vorherige Instanz des Gruppenrichtlinienclient-Diensts erkanr
Die Gruppenrichtlinie hat die Benachrichtigung Preshutdown vom Service Cont
Der Gruppenrichtliniendienst wurde beendet.
Die Initialisierungsphase des Gruppenrichtliniendiensts wurde gestartet.
Der Gruppenrichtliniendienst wurde gestartet.
Die Initialisierungsphase des Gruppenrichtliniendiensts wurde erfolgreich a
Der Gruppenrichtlinienclient-Dienst ist derzeit als freigegebener Dienst kc
Die aktuelle Dienstkonfiguration für den Gruppenrichtlinienclient-Dienst wi
Der Dienstinstanzstatus wird initialisiert, um vorherige Instanzen des Dier
Es wurde eine vorherige Instanz des Gruppenrichtlinienclient-Diensts erkanr
Die Gruppenrichtlinie hat die Benachrichtigung CreateSession von Winlogon f
Die Gruppenrichtliniensitzung wurde gestartet.
Die Verarbeitung der Computerstartrichtlinie für WORKGROUP\WIN-R53PMCNP2S5$
Aktivitäts-ID: {0480F88F-C30C-4806-BA23-DC7D9D2374C5}
Der Verarbeitungsmodus für Gruppenrichtlinien ist "Synchroner Vordergrund".
Die Berichterstellung für den Windows-Anmeldungsstatus der Gruppenrichtlini
Die Gruppenrichtliniensitzung ist zur Windows-Anmeldung zurückgekehrt.
Der Loopback-Richtlinienverarbeitungsmodus ist "Kein Loopbackmodus".
Die Gruppenrichtlinie empfängt anwendbare Gruppenrichtlinienobjekte vom Don
Das Herunterladen von Richtlinien wurde erfolgreich abgeschlossen.
Die Gruppenrichtlinie hat die Benachrichtigung CreateSession von Winlogon f
Die Gruppenrichtlinie hat anwendbare Gruppenrichtlinienobjekte vom Domänenc
Liste der anwendbaren Gruppenrichtlinienobjekte:

Keine
Die folgenden Gruppenrichtlinienobjekte wurden nicht angewendet, da sie her
```

Mit Group Policy Log View können Sie die Auswertung von Gruppenrichtlinien überprüfen lassen

Sie können das Tool auch in einem Anmeldeskript hinterlegen. Dadurch wird es auf jedem Rechner ausgeführt, der das Anmeldeskript nutzt.

Wenn Sie im Anmeldeskript die Datei mit dem Auswertungs-Ergebnis noch in einer Freigabe speichern, können Sie gezielt die Verwendung der Gruppenrichtlinien auf mehreren Rechnern überwachen. In diesem Fall lassen Sie die Auswertungsdatei aber nicht nur im Netzwerk speichern, sondern geben dem Dateinamen auch noch den jeweiligen Rechnernamen des ausgewerteten Rechners mit. Dazu verwenden Sie den Befehl:

Gplogview -o \\<Server>\<Freigabe>\%computername%-gpevent.txt

Sie können auch eine HTML-Datei als Bericht erstellen lassen. Die Syntax in diesem Fall ist folgende:
Gplogview -h -o \\<Server>\<Freigabe>\%computername%-gpevent.html

Group Policy Events

Event Time	Event Id	Activity Id	Event Description	Event Details
2014-09-22 12:48:27.933	4116	4f534f54-4c00-434f-414c-415050444154	Die Initialisierungsphase des Gruppenrichtliniendiensts wurde gestartet.	Event XML
2014-09-22 12:48:28.199	4115	4d554e00-4542-5f52-4f46-5f50524f4345	Der Gruppenrichtliniendienst wurde gestartet.	Event XML
2014-09-22 12:48:28.230	5116	73776f64-535c-7379-7465-6d33325c5762	Die Initialisierungsphase des Gruppenrichtliniendiensts wurde erfolgreich abgeschlossen.	Event XML
2014-09-22 12:48:29.667	5320	41422e3b-3b54-432e-4d44-3b2e5642533b	Der Gruppenrichtlinienclient-Dienst ist derzeit als freigegebener Dienst konfiguriert.	Event XML

Group Policy Log View kann Probleme mit Gruppenrichtlinien als HTML-Bericht erstellen

Im HTML-Bericht zeigt das Tool auch Farben an. Je rötlicher der Eintrag im Feld *Activity Id* ist, umso gravierender ist der Fehler.

Das Tool kann die Anwendung der Gruppenrichtlinien aber auch in Echtzeit überwachen. Dazu öffnen Sie eine Befehlszeile mit Administratorrechten und starten die Echtzeitüberwachung mit:

Gplogview -m

Das Tool überwacht jetzt den lokalen Rechner auf die Anwendung von Gruppenrichtlinien. Öffnen Sie jetzt eine zweite Befehlszeile, und geben Sie in dieser den Befehl *gpupdate /force* ein. Im Fenster mit Group Policy Log View sehen Sie die Auswertung der Richtlinie.

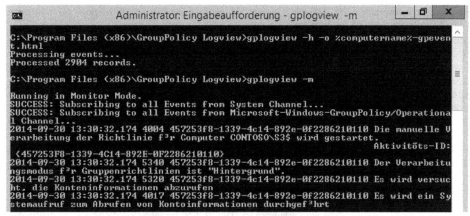

Group Poliy Log View überwacht die Anwendung von Gruppenrichtlinien in Echtzeit

Neben Group Policy Log View können Sie auch *gpresult* verwenden und die Syntax:

Gpresult /h <Verzeichnis zu einer HTML-Datei>

Auch dadurch erhalten Sie ein Ergebnis, wie die Gruppenrichtlinien auf dem lokalen Server angewendet werden. Hier sehen Sie auch die einzelnen umgesetzten Einstellungen.

Druckprobleme im Netzwerk beheben

Das Drucken ist ein häufiges Problem in Netzwerken, das gilt auch beim Einsatz von Terminalservern, auch Remotedesktop-Sitzungshosts genannt. In diesem Abschnitt zeige ich Ihnen, wie Sie häufige Probleme bezüglich des Druckens in Netzwerken lösen können.

Drucker können im Netzwerk vor allem auf Basis von zwei Bereichen betrieben werden und damit Probleme verursachen:

1. Ein Drucker verfügt über eine Netzwerkschnittstelle oder WLAN-Anbindung und wird direkt mit Endgeräten verbunden

2. Ein Drucker wird über den Weg 1 oder einen anderen Weg mit einem Druckserver verbunden, freigegeben und über diesen Weg mit Clientcomputern verbunden.

Funktioniert die Freigabe auf dem Druckserver nicht mehr zuverlässig, sehen Sie das am schnellsten, wenn Sie auf einem Rechner im Explorer \\<Servername> eingeben. Hier müssen die Freigaben des Servers erscheinen, auch die freigegebenen Drucker. Testen mit *nslookup* und *Ping*, ob der Client eine Verbindung mit dem Drucker aufbauen kann.

Wenn ein Drucker nicht mehr funktioniert, sollten Sie im ersten Schritt überprüfen, ob der Drucker selbst noch seine eigene Testseite drucken kann und funktioniert. Überprüfen Sie danach, ob der Drucker über den Druckserver noch erreichbar ist und vom Druckserver oder anderen Arbeitsstationen aus Drucken kann. Verbinden Sie den Drucker notfalls direkt mit der Arbeitsstation, zum Beispiel über einen neuen TCP/IP-Anschluss.

Über das Kontextmenü eines Druckers in der Systemsteuerung des Druckservers finden Sie die Option *Druckereigenschaften*. Hier steuern Sie wichtige Einstellungsmöglichkeiten, die aber auch Probleme im Netzwerk bereiten können.

Auf der Registerkarte *Freigabe* sollten Sie zunächst überprüfen, ob die *Freigabe* noch aktiviert ist und welcher Name verwendet wird. Außerdem steuern Sie hier über *Zusätzliche Treiber* noch die Integration von 32-Bit-Treibern auf 64-Bit Windows-Servern.

Auf der Registerkarte *Anschlüsse* sollte der TCP/IP-Port oder der lokale Port aktiviert sein, mit dem der Drucker an den Druckserver aktiviert ist. Hier stehen auch die beiden Optionen *Bidirektionale Unterstützung aktivieren* und *Druckerpool aktivieren* zur Verfügung.

Funktioniert ein Drucker nicht, ändern Sie hier die Einstellungen und testen, ob die Druckerverbindung jetzt funktioniert. Wenn der Netzwerkport nicht mehr funktioniert, können Sie an dieser Stelle auch einen neuen Port erstellen, in dem Sie die IP-Adresse des Druckers angeben. Nach der Verbindung über den TCP/IP-Port, verhält sich der Drucker, wie ein lokal angeschlossenes Gerät und kann entsprechend freigegeben werden:

1. Installieren Sie auf dem Client den Druckertreiber, und rufen Sie über das Kontextmenü *Druckeigenschaften* auf und wechseln auf die Registerkarte *Anschlüsse*. Klicken Sie auf *Hinzufügen* und wählen Sie *Standard TCP/IP-Port* aus.

2. Es startet ein Assistent, der Sie bei der Anbindung unterstützt. Geben Sie bei *Druckername oder -IP-Adresse* die IP-Adresse ein, die im Drucker konfiguriert ist. Das funktioniert natürlich nur, wenn der Drucker direkt mit dem Netzwerk verbunden ist. Die IP-Adresse sehen Sie direkt am Drucker in den Netzwerkeinstellungen. Das Feld *Portname* lassen Sie leer, außer der Hersteller des Hardware-Druckservers gibt eine bestimmte Angabe vor.

3. Anschließend versucht der Assistent eine Erkennung und bindet den Drucker an. Findet der Assistent keinen Anschlussnamen, verwenden Sie die Einstellung *Generic Network Card*, wenn der Anschluss im Menü nicht angezeigt wird.

4. Stellen Sie sicher, dass auf der Registerkarte *Anschlüsse* der neue Port hinzugefügt und ausgewählt ist. Testen Sie jetzt den Direktdruck auf diesem Client.

Über einen neuen Port und der Deaktivierung der bidirektionalen Unterstützung können Sie oft Druckerprobleme lösen

Auf der Registerkarte *Erweitert* finden Sie zahlreiche Einstellungen, mit denen Sie Druckprobleme lösen können. Hier können Sie den Treiber auswählen, den der Drucker aktuell verwendet. Außerdem können Sie hier verschiedene Spooler-Einstellungen festlegen.

Über die *Eigenschaften* im Kontextmenü eines Druckers, sehen Sie auf der Registerkarte *Hardware*, ob der Drucker generell funktioniert. Hier können Sie über die Schaltfläche *Eigenschaften* auch Informationen abrufen und sehen auch die Treiberversion des Treibers. Hier sollte natürlich möglichst aktuelle Treiber verwendet, und keine Fehler angezeigt werden.

Auf der Registerkarte *Erweitert* aktivieren Sie entweder die Funktion *Druckaufträge direkt zum Drucker leiten* oder *Über Spooler drucken um Druckvorgänge schneller abzuschließen.* Testen Sie hier verschiedene Einstellungen.

Abhängig von den Druckjobs auf dem Server und dem eingesetzten Treiber, kann es hier zu Problemen kommen, wenn die Einstellungen nicht kompatibel sind.

Klicken Sie mit der rechten Maustaste auf den Drucker und wählen Sie *Druckereigenschaften*. Über die Registerkarte *Sicherheit* lassen sich die Zugriffsberechtigungen für Drucker konfigurieren. Hier gibt es drei Berechtigungen:

- *Drucken* - Erlaubt die Ausgabe von Dokumenten auf dem Drucker.

- *Diesen Drucker verwalten* - Ermöglicht die Veränderung von Druckereinstellungen, wie bei den auf den vorangegangenen Seiten beschriebenen Festlegungen.

- *Dokumente verwalten* - Erlaubt die Verwaltung von Warteschlangen und damit beispielsweise das Löschen von Dokumenten aus solchen Warteschlangen.

Überprüfen Sie hier die Rechte, wenn einzelne Anwender nicht mehr drucken können. Klicken Sie in der Systemsteuerung des Servers doppelt auf den Drucker und wählen Sie *Druckausgabe anzeigen*. Damit öffnen Sie die Druckerwarteschlange. In dieser sind alle Dokumente zu finden, die aktuell im Druck sind. Sie finden dazu auch ein Icon im Traybereich der Taskleiste.

Die Druckverwaltung ist eine zentrale Verwaltungsoberfläche für Drucker im Unternehmen. Sie starten das Tool über die Programmgruppe *Tools* im Server-Manager von Windows Server 2012 R2. Mit dieser Konsole verwalten Sie alle Druckserver an zentraler Stelle.

Betreiben Sie auf einem besonders gesicherten Server, zum Beispiel einem Domänencontroller noch Drucker, besteht auch die Möglichkeit, dass Berechtigungen zu Problemen beim Drucken führen. In den meisten Fällen liegt ein Berechtigungsproblem mit dem Verzeichnis *C:\Windows\System32\Spool* vor.

Rufen Sie die Eigenschaften des Verzeichnisses auf, wechseln Sie auf die Registerkarte *Sicherheit* und klicken Sie auf *Bearbeiten*. Nehmen Sie entweder eine neue Gruppe auf, welche die Benutzerkonten der Benutzer enthält, oder verwenden Sie die Benutzer-Gruppe der Domäne. Geben Sie der Gruppe das Recht *Ändern* auf das Verzeichnis. Mit dieser Lösung beheben Sie oft auch Probleme mit dem Drucken auf Remotedesktop-Sitzungshosts, doch dazu später mehr.

Wenn Sie den Verdacht haben weitere Berechtigungs-Probleme in Ihrer Umgebung zu haben, sollten Sie die Ereignisanzeige überprüfen. Sie finden normalerweise „Zugriff verweigert"-Meldungen, wenn solche Probleme vorliegen.

Öffnen Sie Windows Explorer und navigieren zu *C:\Windows\System32\Spool\Printers*. Rufen Sie die Eigenschaften des Verzeichnisses auf, und wechseln Sie auf die Registerkarte *Sicherheit*. Fügen Sie die Gruppe *Jeder* hinzu. Testen Sie, ob die Anwender jetzt Dokumente drucken können.

Microsoft hat in Windows Assistenten integriert, die bei der Lösung von Druckproblemen helfen können. Auf Servern spielen diese zwar keine große Rolle, aber auf einer Arbeitsstation kann der Assistent durchaus hilfreich sein, auch beim Verbinden mit Netzwerkdruckern, die über Windows-Server freigegeben sind:

1. Suchen Sie in Windows 7/8.1 in der Systemsteuerung nach „Problembehandlung" und öffnen diesen Bereich in der Systemsteuerung.

2. Klicken Sie auf *Hardware und Sound\Drucker verwenden*.

3. Lassen Sie den Assistenten durcharbeiten. In vielen Fällen erhalten Sie Hinweise, wie Sie das Problem beheben können. Der Assistent bietet verschiedene Optionen zur Lösung von lokalen Druckerproblemen.

Microsoft bietet diesen Assistenten auch in etwas erweiterter Form als Datei zum Download an. Über die Seite http://go.microsoft.com/fwlink/p/?LinkId=260616 können Sie diesen herunterladen und direkt ausführen. Es lohnt sich generell den Assistenten zu verwenden, bevor Sie sich an eine tiefergehende Analyse machen.

Druckprobleme in der Befehlszeile und PowerShell beheben

Wenn Druckaufträge auf einem Server festhängen, hilft es in vielen Fällen mit *net stop spooler* und *net start spooler* den Druckerdienst auf dem Server neu zu starten. Achten Sie aber darauf, dass in diesem Fall alle Druckaufträge gelöscht werden, und die Anwender diese neu erstellen müssen. Sie können sich

Druckaufträge aber auch in der PowerShell anzeigen lassen und zwar alle Druckaufträge für alle Drucker auf einem Druckserver: *Get-Printer | Get-PrintJob | fl*.

Haben Sie den Druckauftrag gefunden der Probleme macht, löschen Sie diesen mit *Remove-PrintJob*. Ein Beispiel dafür ist:

Remove-PrintJob -PrinterName „Samsung" -ID 1.

Mit den CMDlets können Sie aber auch gezielt nach Druckaufträgen von bestimmten Anwendern suchen und diese löschen:

Get-Printer | Get-PrintJob | where UserName -LIKE <Benutzername> | Remove-PrintJob

Druckprobleme mit mit Remotedesktop-Sitzungshosts

Verbinden sich Clients mit einem Remotedesktop-Sitzungshost, sind die installierten Drucker der Clients auf dem Server in der Sitzung und der RemoteApp verfügbar. Der Remotedesktop Easy Print Driver in Windows Server 2012 R2 kann Druckaufträge verschiedener Drucker an den Client umleiten. Das ganze geschieht automatisch. Welche Drucker verbunden werden, sehen Sie im Bereich *Lokale Ressourcen* in den Einstellungen der Remotedesktop-Verbindung auf dem Client. Damit Sie den Easy Print Driver fehlerfrei verwenden können, müssen Sie den aktuellen RDP Client verwenden, Sie benötigen dazu Windows 7/8 oder besser Windows 8.1.

Der Druckertreiber schreibt den Druckauftrag auf dem Remotedesktop-Sitzungshosts in eine XPS-Datei und leitet diese dann an den lokalen Drucker des Clients weiter. Dort wieder der Druckauftrag ausgedruckt. Sie sollten daher besser mit diesem Druckertreiber arbeiten, als auf den Servern zu viele Druckertreiber zu installieren.

Viele Einstellungen in diesem Bereich lassen sich auch mit Gruppenrichtlinien steuern. Sehen Sie sich dazu den Bereich *Computerkonfiguration/Richtlinien/Administrative Vorlagen/Windows-Komponenten/Remotedesktopdienste* an.

Die Verwaltung von Druckern ist bei *Remotedesktopsitzungs-Host/Druckerumleitung* zu finden. Unterstützen Ihre Unternehmensdrucker den neuen Easy Print Driver nicht, können Sie auch den Weg einer Druckermapping-Datei gehen. Diese Möglichkeit gibt es bereits seit Windows NT4 Terminalserver Edition. Dabei können über eine spezielle Datei mehreren Druckern der gleiche Treiber zugeordnet werden. Sehen Sie sich dazu den Microsoft Knowledge Base-Artikel http://support.microsoft.com/kb/239088/en-us oder http://support.microsoft.com/kb/239088/de-de.

Über den Bereich *Clienteinstellungen,* beim Erstellen einer Sitzungs-Sammlung, legen Sie auf Seiten des Servers fest, welche Funktionen der Clients auf dem Server verfügbar sein sollen. Hier steuern Sie die Möglichkeit ob lokale Laufwerke verfügbar sind oder die Zwischenablage.

Auch das Umleiten von Druckern steuern Sie hier. Funktioniert das Drucken in den Sitzungen nicht, überprüfen Sie die Einstellungen der Sitzungssammlung (ehemals Farm).

Sitzungssammlung

Alle anzeigen

Allgemein	+
Benutzergruppen	+
Sitzung	+
Sicherheit	+
Lastenausgleich	+
Clienteinstellungen	—
Benutzerprofil-Dat...	+

Clienteinstellungen konfigurieren

Sie können Geräte und Ressourcen auf dem Clientgerät angeben, auf die zugegriffen werden kann, wenn ein Benutzer eine Verbindung mit einem sitzungsbasierten Desktop herstellt.

Umleitung für Folgendes aktivieren:

☑ Audio- und Videowiedergabe

☑ Audioaufnahme

☑ Smartcards

☑ Plug & Play-Geräte

☑ Laufwerke

☑ Zwischenablage

Drucker

☑ Clientdruckerumleitung zulassen

☑ Standarddruckergerät des Clients verwenden

☑ Zuerst Druckertreiber von Easy Print für Remotedesktop verwenden

Monitore

Maximale Anzahl umgeleiteter Monitore: 16

Clienteinstellungen für Sammlungen steuern Sie bei der Erstellung der Sitzungssammlung

Sie können auch auf Remotedesktop-Sitzungs-Hosts Probleme mit Druckern in der PowerShell beheben. Wenn Sie zum Beispiel die Drucker mit *get-printer* aufrufen, sehen Sie welcher Treiber für die Drucker verwendet werden.

Hier ist auch zu sehen, ob ein Drucker den *Remote Desktop Easy Print Driver* verwendet. Alle Druckaufträge auf dem Server lassen Sie mit *get-printer | get-printjob |fl* anzeigen.

Drucken mit Tablets und Smartphones

In immer mehr Unternehmen müssen Anwender auch auf Smartphones oder Tablets drucken können. Allerdings funktioniert das in vielen Fällen nur über Umwege. Generell sollten Sie beim Einsatz von Tablets/Smartphones und Drucker darauf achten ob der Drucker das AirPrint-Protokoll beherrscht.

Der Vorteil bei diesem Protokoll ist die Möglichkeit direkt über die Endgeräte auf Drucker zugreifen zu können. Unterstützen das Ihre Drucker nicht, können Sie mit einem inoffiziellen Zusatztool arbeiten. Mit diesem sollten Sie aber vorsichtig umgehen, da Sie mit dem Tool recht schnell Ihren Druckserver zum Absturz bringen können.

Installieren Sie auf dem Server oder einem anderen Computer die kostenlose Software *AirPrint Activator* (http://iblueray.de), können Sie auf diesem Rechner Drucker freigeben und mit dem AirPrint-Protokoll im Netzwerk zur Verfügung stellen.

Vorteil dabei ist, dass Apple-Tablets und auch das eine oder andere Android-Tablet den Drucker im Netzwerk finden und nutzen können.

Was über Umwege ebenfalls funktioniert, ist Google Cloud Print (https://www.google.com/cloudprint#printers). Um über das Internet oder einem Tablet einen lokalen Drucker zu verwenden, müssen Sie Google Chrome als Browser verwenden. In den Einstellungen von Chrome können Sie den lokalen Rechner und dessen Drucker an Google Cloud Print anbinden. Dazu klicken Sie auf *Erweiterte Einstellungen* und navigieren ganz nach unten.

Anwender müssen sich mit einem Google-Konto anmelden um Google Cloud Print zu nutzen. Damit Google Cloud Print auf Smartphones/Tablets zur Verfügung steht, benötigen Sie eine App auf den Endgeräten. Google listet dazu einige über die Google Cloud Printe-Seite auf: https://www.google.com/cloudprint/learn/apps.html.

Natürlich gibt es auch in diesem Bereich Apps der Druckerhersteller und Möglichkeiten auf Druckern per E-Mails auszudrucken. Und auch hier gibt es zahlreiche Fehlermöglichkeiten. Die Apps funktionieren nicht immer sauber und auch die Netzwerkanbindung vieler Drucker ist nicht immer ideal gelöst.

PowerShell zur Fehlerbehebung über das Netzwerk durchführen

Die PowerShell dient nicht nur für die Fehlerbehebung auf lokalen Servern, sondern kann auch Fehler im Netzwerk beheben. Im folgenden Abschnitt zeige ich Ihnen einige Vorgehensweisen.

Mit dem Cmdlet *get-help * -Parameter Computername* können Sie sich alle lokalen CMDlets anzeigen lassen, mit denen Sie über das Netzwerk auf andere Server zugreifen können.

Eines der wichtigsten CMDlets in diesem Bereich ist *Invoke-Command*. Damit können Sie Befehle remote im Netzwerk auf einem anderen Server starten.

Beispiel:

Invoke-command -computername s4.contoso.int -Scriptblock { ping 192.168.178.1 } - credential contoso\administrator

Der Befehl startet von einem beliebigen Server im Netzwerk aus auf dem Ziel-Server *s4.contoso.int* den Befehl *ping 192.168.178.1*.

Die Anmeldung am Remoteserver erfolgt über den Benutzernamen *contoso\administrator*. Geben Sie in der Sitzung *hostname* ein, sehen Sie in der lokalen Sitzung den Namen des lokalen Computers. Geben Sie aber folgenden Befehl ein, wird der Hostname des Remote-Servers angegeben:

Invoke-command -computername s4.contoso.int -Scriptblock { hostname } - credential contoso\administrator

Damit Sie über das Netzwerk auf die PowerShell zugreifen können, müssen Sie den Remotezugriff der PowerShell aktivieren. Erhalten Sie also Fehler bei der Verwendung von PowerShell-Befehlen über das Netzwerk, müssen Sie hier Überprüfungen vornehmen.

Im ersten Schritt überprüfen Sie mit *get-service winrm,* ob die Windows-Remoteverwaltung auf dem Ziel- und Quell-Server freigeschaltet sind.

Ist der Dienst noch nicht gestartet, oder erhalten Sie einen Fehler, verwenden Sie den Befehl *winrm quickconfig*. Dieser schaltet die Remoteverwaltung ein.

Mit *enable-psremoting -force* schalten Sie die Remoteverwaltung in der PowerShell ein. Der Befehl *disable-psremoting -force* schaltet die Funktion aus.

Funktioniert etwas nicht, deaktivieren Sie die Remoteverwaltung der PowerShell und starten Sie diese dann wieder. Mit *winrm enumerate winrm/config/listener* sehen Sie die Endpunkte auf dem Server.

Diese müssen aktiv sein.

Bei der Verbindung über das Netzwerk nutzt die PowerShell die Benutzerverwaltung in Active Directory. Sie haben aber die Möglichkeit auf Servern festzulegen von welchen Servern im Netzwerk Befehle der PowerShell akzeptiert werden. Dazu nutzen Sie den Befehl:

Set-item wsman:\localhost\client\trustedhosts <Name der Computer>

Andere Computer werden gesperrt. Funktioniert die Netzwerkverbindung in der PowerShell nicht, sollten Sie daher den Quell-Computer in der Liste der berechtigten Computer auf dem Ziel-Computer integrieren.

Arbeiten Sie hier besser mit dem Namen der Computer, auch wenn die Verwendung der IP-Adressen möglich ist.

Starten Sie danach mit *restart-service winrm* die Remoteverwaltung neu. Die Liste der vertrauten Computer müssen Sie auf dem Ziel- und dem Quell-Computer pflegen. Im Rahmen dieser Liste funktioniert der Zugriff auch von Rechnern außerhalb von Active Directory.

Sie sollten daher mit der Konfiguration dieses Bereiches vorsichtig vorgehen. Für die Befehle muss die PowerShell mit Administratorrechten gestartet werden.

In der PowerShell und Befehlszeile überprüfen Sie die Remoteverwaltung in der PowerShell und erteilen Rechte für den Zugriff

Der Befehl *test-wsman <Ziel-Computer>* kann überprüfen, ob ein Computer auf einem anderen Computer mit der PowerShell zugreifen darf.

```
PS C:\Windows\system32> test-wsman 192.168.178.219

wsmid           : http://schemas.dmtf.org/wbem/wsman/identity/1/wsmanidentity.xsd
ProtocolVersion : http://schemas.dmtf.org/wbem/wsman/1/wsman.xsd
ProductVendor   : Microsoft Corporation
ProductVersion  : OS: 0.0.0 SP: 0.0 Stack: 3.0
```

In der PowerShell überprüfen Sie den PowerShell-Zugriff über das Netzwerk

Am einfachsten bauen Sie eine PowerShell-Sitzung auf einem Remote-Computer mit der PowerShell ISE auf. Dazu geben Sie in der PowerShell-Sitzung einfach *ise* ein.

In der ISE klicken Sie auf *Datei\Neue Remote PowerShell-Registerkarte* und geben den Namen oder die IP-Adresse des Remote-Computers an, auf dem Sie eine Sitzung erstellen wollen.

Nachdem Sie sich am Ziel-Server authentifiziert haben, dürfen Sie den Ziel-Server verwalten. Das funktioniert auch von Rechnern, die nicht Mitglied von Active Directory sind, wenn Sie die Liste der vertrauten Computer gepflegt haben. So können Administratoren auch mit ihren Heim-PCs oder Notebooks die Server im Netzwerk verwalten.

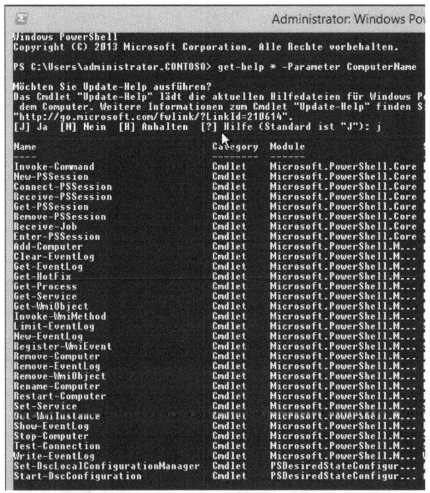

Mit der PowerShell können Sie auch über das Netzwerk Befehle ausführen lassen

Wenn Sie mit der PowerShell ISE eine neue Remote-PowerShell-Sitzung arbeiten, können Sie also Server bequem über das Netzwerk verwalten und die PowerShell-Befehle für das Troubleshooting in diesem Buch nutzen.

Zusätzlich können Sie diese Funktion auch in einer normalen PowerShell-Sitzung nutzen. Dazu müssen Sie die Remote-Sitzung mit einem CMDlet öffnen:

New-pssession <Ziel-Server> -credential <Benutzername>

Sobald die Sitzung vorhanden ist, können Sie diese öffnen:

Enter-pssession <Ziel-Server aus New-PSSession> - Credential <Benutzername>

Windows Performance Toolkit installieren, einrichten und erste Schritte

Für die Leistungsanalyse und -Verbesserungen stellt Microsoft das Windows Performance Toolkit zur Verfügung. Dieses kostenlose Tool ist Bestandteil des *Windows Assessment and Deployment Toolkits for Windows 8.1* (http://www.microsoft.com/de-de/download/details.aspx?id=39982).

Im nächsten Abschnitt zeige ich Ihnen, wie Sie das Toolkit installieren und einrichten. Sobald Sie die Installation des ADK für Windows 8.1 gestartet haben, können Sie auswählen welche Funktionen Sie installieren wollen. Wählen Sie hier *Windows Performance Toolkit* aus.

Windows Performance Toolkit installieren Sie im Rahmen der Installation von Windows ADK

Nach der Installation sind die verschiedenen Tools aus dem Windows Performance Toolkit verfügbar. Geben Sie in einer Eingabeaufforderung den Befehl *xperf.exe* ein. Wird das Tool gefunden, können Sie mit der Leistungsmessung beginnen.

Eine erste Leistungsmessung beginnen Sie mit dem Windows Performance Recorder in der grafischen Oberfläche. Starten Sie das Tool und klicken Sie auf *Start* um die Messung zu beginnen. Führen Sie typische Aufgaben mit dem Server durch. Über *More Options* können Sie noch mehr Einstellungen vornehmen.

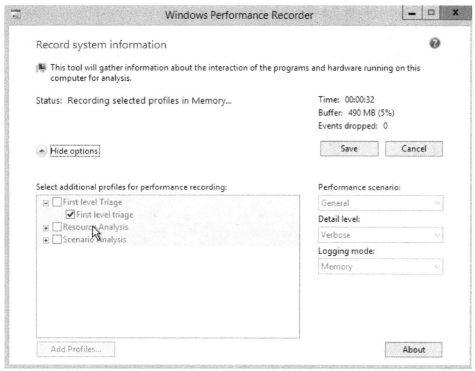

Starten der Leistungsmessung eines Windows-Servers mit dem Windows Performance Recorder

Klicken Sie auf *Save*, erstellt der Windows Performance Recorder eine ETL-Datei mit den Daten der Messung. Diese lesen Sie in Windows Performance Analyzer ein um sie auszuwerten. Öffnen Sie dazu Windows Performance Analyzer und klicken Sie auf *File\Open*. Wählen Sie die erstellte ETL-Datei aus und lassen Sie diese in das Tool importieren.

Auf der linken Seite sehen Sie eine Zusammenfassung der Daten, die Sie auch weiter aufklappen können. Hier sehen Sie bereits einen Überblick zur Leistungsmessung. Die Leistung der CPU ist im Bereich *Computation* integriert, Festplattenlast finden Sie über *Storage*, die Auslastung des Arbeitsspeichers bei *Memory* und Prozesse und Dienste finden Sie im Bereich *System Activity*.

Mit den hier angezeigten Informationen, können Sie sehr umfangreiche und detaillierte Analysen durchführen. Sie sehen bereits in der Zusammenfassung der Messung, welche Ressourcen im Zeitrahmen der Messung besonders ausgelastet waren, sodass Sie bereits hier in die Analyse einsteigen und detaillierter analysieren können.

Sie können die gemessenen Daten aufklappen. Über das Kontextmenü der einzelnen Bereiche auf der linken Seite, durch Auswahl von *Add graph to Analysis view*, werden die Daten der Messung in das

Hauptfenster aufgenommen.

Im Hauptfenster sehen Sie dann eine detailliertere Grafik und eine Tabelle mit den Messdaten. Sie können an dieser Stelle auch mehrere Registerkarten öffnen lassen, oder verschiedene Messdaten in der gleichen Registerkarten aufnehmen, zum Beispiel die Auslastung des Arbeitsspeichers und der CPU.

In der Grafik sehen Sie oben links die Prozesse, welche die Systemlast verursacht haben und auf der rechten Seite deren genauen Auslastung. In der Tabelle unten sehen Sie wiederum genaue Daten der Messung.

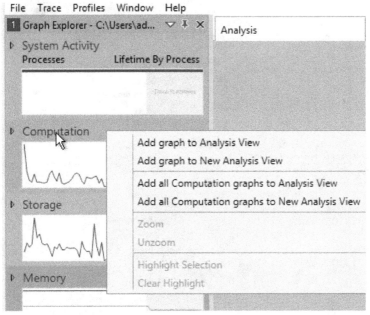

Die einzelnen Bereiche der Messung können Sie im Hauptfenster detaillierter analysieren

Mit dieser Übersicht können Sie jetzt sehr detaillierte Analysen durchführen, und sehen genau wann welcher Prozess die von Ihnen ausgewählte Ressource belastet hat. Fahren Sie mit der Maus auf eine Linie, werden umfangreiche Informationen eingeblendet. Im Fenster sehen Sie auf Basis von Farben die einzelnen Prozesse, inklusive einer Legende auf der linken Seite.

Fahren Sie mit der Maus auf eine Linie, wird diese besonders hervorgehoben. So sehen Sie den Verlauf der Ressourcenauslastung einzelner Prozesse noch besser. Wenn Sie auf der linken Seite den Kasten des Prozesses anklicken, können Sie diesen aus der Grafik ausblenden.

Markieren Sie in der Tabelle unten einen Prozess, dann werden die Daten auch im oberen Bereich der Grafik markiert. Die Tabelle können Sie wiederum durch Klicken der Spalten sortieren lassen.

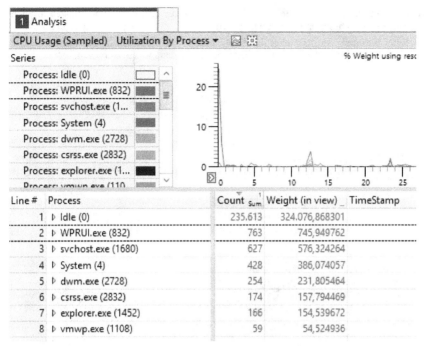

Line #	Process	Count Sum	Weight (in view)	TimeStamp
1	▷ Idle (0)	235.613	324.076,868301	
2	▷ WPRUI.exe (832)	763	745,949762	
3	▷ svchost.exe (1680)	627	576,324264	
4	▷ System (4)	428	386,074057	
5	▷ dwm.exe (2728)	254	231,805464	
6	▷ csrss.exe (2832)	174	157,794469	
7	▷ explorer.exe (1452)	166	154,539672	
8	▷ vmwp.exe (1108)	59	54,524936	

In der Grafik sehen Sie an verschiedenen Stellen die Auslastung der analysierten Ressource

In der Grafik können Sie einzelne Bereiche Markieren. Im unteren Bereich der Tabelle werden dann die Prozesse markiert, die zu diesem Zeitpunkt aktiv waren und den Server belastet haben.

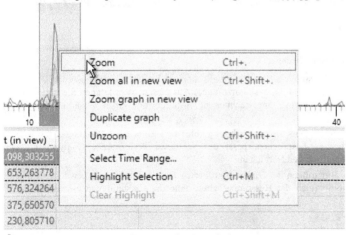

Über das Kontextmenü zoomen Sie in einzelne Bereiche hinein

Über das Kontextmenü des markierten Bereiches können Sie in diesen zoomen und erhalten dadurch detaillierte Informationen zu bestimmten Leistungsspitzen.

Im gezootem Bereich können Sie jetzt über das Kontextmenü von Prozessen in der unteren Tabelle durch die Auswahl von *Filter to selection* eine Ansicht speziell für den Prozess aktivieren.

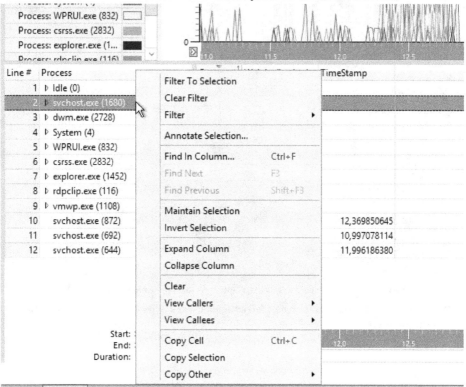

Detaillierte Leistungsmessung einzelner Prozesse

Reichen Ihnen diese Daten zur Leistungsmessung nicht aus, können Sie über die gemessenen Daten auf der linken Seite, weitere Ressourcen zur Analyse hinzufügen. Auf diesem Weg können Sie parallel eine Analyse der CPU und der Datenträger im Rechner durchführen um einen Zusammenhang bei Leistungsproblemen zu finden.

Haben Sie auf der Registerkarte bereits Analysen durchgeführt und Filter oder Zooms gesetzt, wie in den vorhergehenden Abschnitten besprochen, passt der Windows Performance Analyzer für die hinzugefügte Ressource automatisch den Bereich an.

Das heißt, Sie können beim Hinzufügen der Datenträgerüberwachung sofort den ausgewählten Prozess über den Zeitraum und Zoombereich der Ressource sehen ohne die Einstellungen erneut setzen zu müssen.

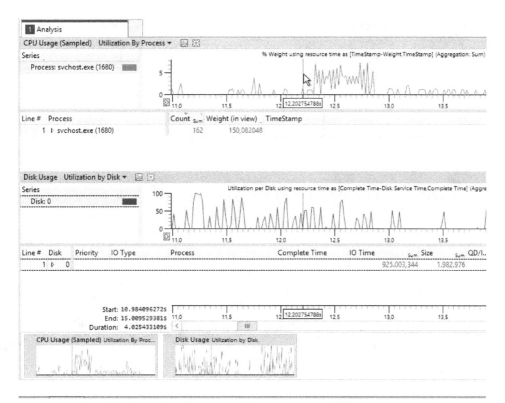

Mit dem Windows Performance Analyzer können Sie mehrere Ressourcen auf einmal analysieren

In der Menüleiste im oberen Bereich, können Sie die Anzeige auch filtern lassen und unterschiedliche Grafiken aktivieren.

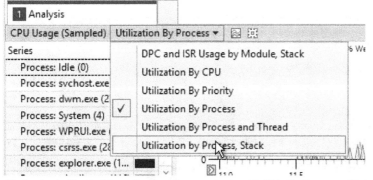

Die Anzeige im Fenster können Sie filtern lassen und unterschiedliche Sortierungen aktivieren

In der Tabelle und auch der Grafik wird die Anzeige angepasst. Auch die Grafik können Sie an Ihre

Bedürfnisse anpassen. Über das Zahnradsymbol passen Sie die Tabelle im unteren Fenster an. Sie können Spalten hinzufügen und auch Spalten entfernen.

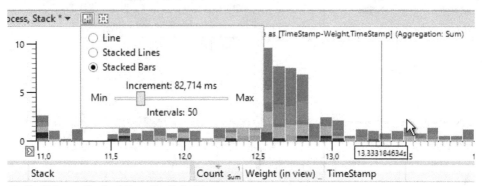

Die Grafik können Sie ebenfalls an Ihre Bedürfnisse anpassen

Auf der linken Seite sehen Sie die Spalten, die Sie ein- und ausblenden können. Rechts sehen Sie die aktuelle Ansicht und können weitere Spalten aktivieren und Sortierungen. Rechts sehen Sie auch die aktuelle Ansicht und können weitere Spalten aktivieren und Sortierungen setzen. Die gelbe Linie können Sie verschieben um Daten zu gruppieren.

Für jede Spalte können Sie festlegen, was Windows Performance Analyzer anzeigen soll. Die Einstellungsmöglichkeiten sind aber optional. Über die Schaltfläche *Advanced* können Sie noch mehr einstellen. Standardmäßig ist das aber nicht notwendig.

Die Reihenfolge der Spalten können Sie mit Drag&Drop anpassen. Die Tabelle mit den Messdaten wird auch automatisch angepasst. Auch über das Kontextmenü der Spalten können Sie diese Ein- und Ausblenden.

Ihre Ansichten können Sie über die Einstellungen zum Anpassen der Tabelle /Zahnradsymbol oben) mit der Schaltfläche *Manage* auch speichern und zukünftig auf diesem Weg jederzeit laden. Im oberen Bereich des Fensters, erscheint der Name der gespeicherten Ansicht. Speichern Sie auf diesem Weg mehrere Ansichten, können Sie über das Menü oben in den Einstellungen Ihre Ansicht jederzeit aktivieren.

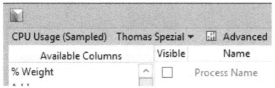

Ansichten können Sie speichern und jederzeit aufrufen

Über das Menü *Profiles,* können Sie alle Einstellungen von Windows Performance Analyzer exportieren und importieren. So können Sie auf neuen Rechnern oder bei Neuinstallationen recht schnell Ihre Einstellungen wiederherstellen.

Über *File\Export Session* können Sie die komplette Analyse mit der ETL-Datei mit allen Einstellungen exportieren und importieren.

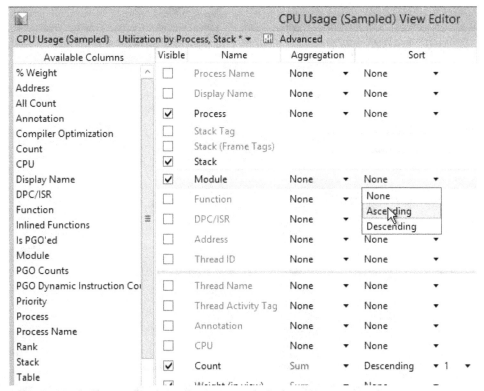

Im Windows Performance Analyzer können Sie die Anzeige der Spalten steuern

CPU- und Arbeitsspeicher-Auslastung messen und analysieren

Um die CPU-Belastung oder die Belastung des Arbeitsspeichers eines Servers zu messen, rufen Sie die Befehlszeile mit Administratorrechten auf. Geben Sie danach den folgenden Befehl ein um eine Messung zu starten:

Xperf -on Latency -Stackwalk Profile

Das Tool beginnt jetzt den Server genau zu analysieren. Sie sollten die Messung daher immer dann starten, wenn der Server wieder Leistungsprobleme hat. Um die Messung zu beenden, geben Sie in der Befehlszeile den folgenden Befehl ein:

Xperf -d cpu.etl

Die Messung wird jetzt beendet und die Messdaten schreibt das Tool in die Datei *cpu.etl*. Diese können Sie mit dem Windows Performance Analyzer anzeigen lassen und analysieren welche Prozesse den Server im CPU-Bereich belasten.

Öffnen Sie den Windows Performance Analyzer und lassen Sie die Datei über das Menü *File\Open* einlesen. Die Datei wird in dem Verzeichnis gespeichert, aus dem Sie xperf gestartet haben. Sie können beim Speichern aber auch einen Pfad angeben, indem die Datei gespeichert wurde. Die Messung können Sie jetzt genauso analysieren wie in den vorhergehenden Abschnitten besprochen. Interessant ist hier vor allem der Bereich *Computation*.

Hier sehen Sie schon an der Zusammenfassung, wie die CPU belastet ist. Klappen Sie das Menü auf und fügen Sie den Bereich *CPU Usage (Sampled)* über das Konextmenü der Analyse zu.

Wenn ein einzelner Prozess den Server belastet, dann sehen Sie das bereits im Schaubild und der Tabelle an der Legende. Auch in der Spalte *%Weight* sehen Sie welche Prozesse den Server stark belastet haben, während die Messung durchgeführt wurde.

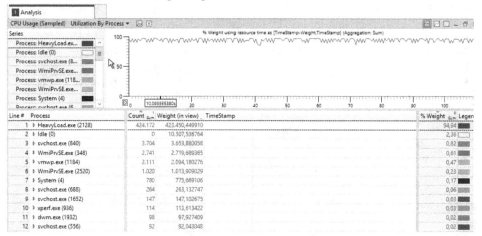

Die Auslastung der CPU können Sie mit Windows Performance Analyzer detailliert herausfinden

Über das Kontextmenü der Tabelle lassen Sie noch die Spalte *Stacks* einlesen. So sehen Sie auch innerhalb des Prozesses, welche untergeordneten Ressourcen den Server belastet haben.

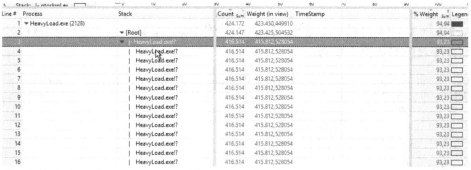

Über die Stacks lassen Sie genau anzeigen, welcher untergeordnete Ressourcen eines Prozessen den Server belastet haben

Überwachung in Active Directory aktivieren

Um Fehlern vorzubeugen, sollten Sie in Active Directory die Überwachung aktivieren und zumindest überprüfen lassen, was Administratoren wann ändern. Dazu können Sie entweder die Gruppenrichtlinien verwenden, die es in der Domäne schon gibt, oder Sie erstellen eine eigene Gruppenrichtlinie. Das ist auch der empfohlene Weg.

Diese Richtlinie können Sie zum Beispiel „Ad-monitor" benennen und hier die Einstellungen zur Überwachung konfigurieren. Die anderen Richtlinien werden dann nicht beeinträchtigt.

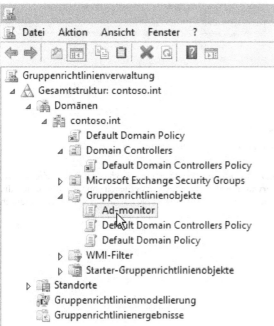

Mit einer neuen Gruppenrichtlinie können Sie die Überwachung in Active Directory optimal aktivieren

Die Überwachung nehmen Sie über *Computerkonfiguration\Richtlinien\Windows-Einstellungen\Sicherheitseinstellungen\Lokale Richtlinien\Überwachungsrichtlinie* vor. Sie können an dieser Stelle verschiedene Ereignisse in Active Directory überwachen.

Um Anmeldungen im Active Directory zu überwachen, aktivieren Sie die Richtlinie *Anmeldeereignisse überwachen*. Die Optionen *Anmeldeereignisse überwachen* und *Anmeldeversuche überwachen* werden nur auf den Computern aktiviert, für die Sie die Richtlinie verknüpft haben.

Sie verknüpfen danach die Richtlinie als Gruppenrichtlinie mit allen Computern der Domäne und auch mit der OU der Domänencontroller.

Sobald die Überwachung aktiviert ist, schreibt der Computer Daten zur Anmeldung in die Ereignisanzeige und den Bereich *Windows-Protokolle\Sicherheit*. Aus den Ereignissen ist zu sehen, wann sich ein Benutzer an- und wieder abgemeldet hat.

Die Einstellungen dazu sind auch bei *Computerkonfiguration\Richtlinien\Windows-Einstellungen\Sicherheitseinstellungen\Erweiterte*

Überwachungsrichtlinienkonfiguration\Überwachungsrichtlinien\Kontoanmeldung zu finden.

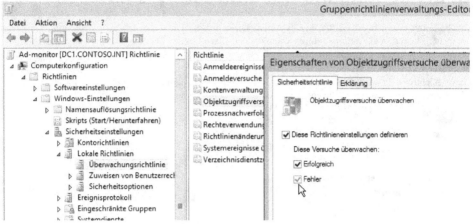

In Gruppenrichtlinien aktivieren Sie die Überwachung von Objekten

Zusätzlich sollten Sie noch *Objektzugriffsversuche überwachen* aktivieren. So erkennen Sie, wann Administratoren Anpassungen vornehmen.

In diesem Zusammenhang spielt auch *Kontenverwaltung überwachen* eine wichtige Rolle. Ziehen Sie per Drag&Drop in der Gruppenrichtlinienverwaltung die von Ihnen erstellte Gruppenrichtlinie auf die OU der Domänencontroller und die OU mit den Computerkonten die überwacht werden sollen. Dadurch werden die OUs mit der Gruppenrichtlinie verbunden.

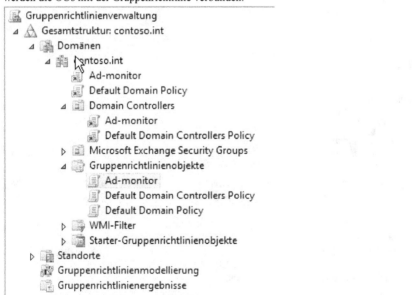

Gruppenrichtlinien verknüpfen Sie auf Wunsch mit mehreren OUs

Mit einer Gruppenrichtlinie steuern Sie auf diesem Weg also die Überwachung mehrerer Computer. Sobald die Richtlinien angewendet wird, finden Sie auf den Domänencontrollern im Sicherheits-Protokoll der Ereignisanzeige Informationen wenn Administratoren Einstellungen bei Anwenderkonten ändern.

Die Anwendung der Richtlinie erfolgt entweder über einen Neustart oder durch die Eingabe von *gpupdate /force*.

Auch das Ändern von Gruppen wird an dieser Stelle erfasst. Interessante Einstellungen dazu finden Sie auch bei *Computerkonfiguration\Richtlinien\Windows-Einstellungen\Sicherheitseinstellungen\Erweiterte Überwachungsrichtlinienkonfiguration\Überwachungsrichtlinien\Kontoanmeldung* oder *Anmelden/Abmelden*.

Neben der Kontoanmeldung, finden Sie hier noch weitere Überwachungsfunktionen. Sie sollten sich aber für die herkömmliche Überwachung oder die erweiterte Überwachung entscheiden und die Funktionen nicht miteinander mischen.

Ob die erweiterten Einstellungen auf den Servern funktionieren, testen Sie mit dem Befehl *auditpol /get /category:** in der Befehlszeile.

Ist die Überwachung erfolgreich, finden Sie in der Ereignisanzeige auf den Domänencontrollern über *Windows-Protokolle\Sicherheit* neue Einträge.

Mit dem Befehlszeilentool *LogonSessions* von Sysinternals (http://technet.microsoft.com/de-de/sysinternals/bb896769) zeigen Sie angemeldete Sitzungen auf einem Computer an.

Geben Sie den Befehl ohne Optionen ein, reicht unter Umständen der Puffer der Eingabeaufforderung nicht aus, da zu viele Informationen enthalten sind. Verwenden Sie in diesem Fall die Option *logonsessions | more* oder vergrößern Sie den Puffer der Eingabeaufforderung über deren Eigenschaften.

Alternativ lassen Sie die Ausgabe über die Option *> logon.txt* in eine Datei umleiten. Das Tool ist sinnvoll für die Überwachung von Terminalservern.

Benutzerkonten in Active Directory entsperren und Kennwörter ändern

Mit dem kostenlosen *AD ACCOUNT RESET TOOL* (http://www.cjwdev.co.uk/Software/AccountReset/Info.html) können Sie Benutzerkonten entsperren und Kennwörter zurücksetzen.

Interessant ist das Tool auch für Support-Mitarbeiter die keinen Zugriff auf das Active Directory-Verwaltungscenter oder Active Directory-Benutzer und -Computer erhalten sollen.

Sie können die Einstellungen für das AD Account Reset Tool mit Gruppenrichtlinien verteilen. Die Entwickler bieten dazu kostenlos eine ADM-Datei (http://cjwdev.co.uk/Software/AccountReset/Gpo.html) an.

Um ein Kennwort zurückzusetzen, wird im oberen Feld der Benutzername eingegeben und verifiziert. Anschließend kann bei *Reset password* das neue Kennwort des Anwenders eingegeben werden. Über die Schaltfläche *Reset Account*, wird die Änderung gespeichert.

Windows-Fehlerbehebung mit Debug Diagnostic Tool v2 Update 1

Mit dem kostenlosen *Debug Diagnostic Tool v2 Update 1* (http://www.microsoft.com/en-us/download/details.aspx?id=42933) stellt Microsoft Tools zur Analyse von Systemproblemen zur Verfügung.

Nach der Installation sind die Tools *DebugDiag 2 RuleBuilder*, *DebugDiag 2 Diag* und *Debug 2 Analysis* auf der Startseite über die Alle-Apps-Ansicht von Windows 8.1 und Windows Server 2012 R2 oder im Startmenü von Windows 7/2008 R2 zu finden.

Microsoft stellt zahlreiche Anleitungen zur Verfügung, zum Beispiel um Fehler in Webanwendungen zu finden. Die Anleitungen sind auf dem Blog des Internet Developer Support Teams zu finden (http://blogs.msdn.com/b/asiatech/archive/2014/02/26/using-debug-diagnostic-tool-v2-0-to-troubleshoot-iis-problems.aspx).

Nach dem Start des Tools Debug Diag 2 Collection, können Sie über die Registerkarte *Processes* die laufenden Prozesse im System anzeigen. Über das Kontextmenü stehen verschiedene Aufgaben zur Überwachung zur Verfügung.

Um einen Prozess detaillierter auf *Memory Leaks* zu überwachen, erstellen Sie über die Registerkarte *Rules* mit *Add Rule* eine neue Regel. Im Assistenten verwenden Sie dazu die Option *Native (non-.NET) Memory and Handle Leak*. Im Assistenten wird anschließend auf der nächsten Seite der Prozess ausgewählt, der nach Problemen untersucht werden soll.

Danach legen Sie die Optionen für die Untersuchung fest. In den meisten Einstellungen reichen die Standardeinstellungen aus. In den nächsten Schritten werden noch ein Name und ein Speicherort für die Protokolldateien festgelegt. Danach startet das Tool mit der Analyse. Der Status ist im Fenster zu sehen.

Auf diesem Weg können Sie auch DMP-Dateien für Systemabstürze erstellen. Dazu muss im Assistenten zum Erstellen von neuen Regeln die Option *Crash* ausgewählt werden. Danach haben Sie die Möglichkeit auszuwählen, welche Bereiche des Betriebssystems überwacht werden sollen.

Select Rule Type

C Crash

 Capture user crash dumps, call stacks, or take other actions when exceptions occur, when breakpoints are hit, or when process events occur (for example when a particular dll is unloaded).

C Performance

 Capture user dumps used to troubleshoot performance problems including high CPU, deadlocks, long HTTP response times, and .NET Memory issues.

(• Native (non-.NET) Memory and Handle Leak

 Use LeakTrack to track outstanding memory allocations and kernel object handles. Capture user dumps used to analyze memory and handle leaks.

Abbildung 1.50: Mit Debug Diagnostic Tool v2 Update 1 analysieren Sie effizient Systemabstürze auf Rechnern

An dieser Stelle können Sie auch Systemdienste überwachen lassen. Neben den Diensten lassen sich an dieser Stelle aber auch Prozesse oder bestimmte IIS-Komponenten zur Überwachung auswählen.

Generell können Sie auch Mini Dumps- oder normale Dumps für Prozesse und Dienste in deren Kontextmenü im Diagnostic Debug Tool erstellen. Die Option dazu ist im Kontextmenü des entsprechenden Prozesses zu finden.

Die DMP-Datei können Sie anschließend im Analyseprogramm des *Debug Diagnostic Tools* laden und auf Probleme analysieren lassen.

Dazu wird das Tool geöffnet und im Tool die Dump-Datei. Danach starten Sie die Analyse mit der Schaltfläche unten rechts. Vor dem Start der Analyse, muss noch eine Regel im oberen Bereich ausgewählt werden, auf deren Basis die Analyse erfolgen soll. Sobald das Tool die Analyse abgeschlossen hat, werden die Ergebnisse in einer MHT-Datei gespeichert.

Tools: Berichte für Active Directory zur Analyse erstellen

Wenn Administratoren Berichte aus Active Directory auslesen sollen, ist oft guter Rat teuer. Es gibt eine Vielzahl an Tools auf dem Markt, die allerdings auch nicht besonders günstig sind. Für viele Aufgaben sind kostenlose Tools vollkommen ausreichend und bieten genügend Ergebnisse.

Mit Freeware und Opensource können Active Directory-Berechtigungen auslesen, Benutzer und deren Daten anzeigen und viel mehr. Die Tools sind leicht zu bedienen und bieten viele Informationen:

*   José Active-Directory-Dokumentation - http://www.faq-o-matic.net/jose
*   AD ACL-Scanner - https://adaclscan.codeplex.com
*   AD Info - http://www.cjwdev.co.uk/Software/ADReportingTool/Info.html
*   AD-Inspector - http://www.firstattribute.com/de/active-directory/ad-analyse
*   Lumax - http://www.ldapexplorer.com/de/lumax.htm
*   Skripte von Carl Webster - http://carlwebster.com/where-to-get-copies-of-the-documentation-scripts
*   Total Network Monitor - http://www.softinventive.com/de/products/total-network-monitor
*   Microsoft Active Directory Topology Diagrammer - http://www.microsoft.com/en-us/download/details.aspx?id=13380

Impressum

Thomas Joos

Hof Erbach 1

74206 Bad Wimpfen

E-Mail: thomas.joos@live.de

Verantwortlich für den Inhalt (gem. § 55 Abs. 2 RStV):

Thomas Joos, Hof Erbach 1, 74206 Bad Wimpfen

Disclaimer - rechtliche Hinweise

§ 1 Haftungsbeschränkung

Die Inhalte diesem Buch werden mit größtmöglicher Sorgfalt erstellt. Der Anbieter übernimmt jedoch keine Gewähr für die Richtigkeit, Vollständigkeit und Aktualität der bereitgestellten Inhalte. Die Nutzung der Inhalte des Buches erfolgt auf eigene Gefahr des Nutzers. Namentlich gekennzeichnete Beiträge geben die Meinung des jeweiligen Autors und nicht immer die Meinung des Anbieters wieder. Mit der reinen Nutzung des Buches des Anbieters kommt keinerlei Vertragsverhältnis zwischen dem Nutzer und dem Anbieter zustande.

§ 2 Externe Links

Dieses Buch enthält Verknüpfungen zu Websites Dritter ("externe Links"). Dieses Buchs unterliegen der Haftung der jeweiligen Betreiber. Der Anbieter hat bei der erstmaligen Verknüpfung der externen Links die fremden Inhalte daraufhin überprüft, ob etwaige Rechtsverstöße bestehen. Zu dem Zeitpunkt waren keine Rechtsverstöße ersichtlich. Der Anbieter hat keinerlei Einfluss auf die aktuelle und zukünftige Gestaltung und auf die Inhalte der verknüpften Seiten. Das Setzen von externen Links bedeutet nicht, dass sich der Anbieter die hinter dem Verweis oder Link liegenden Inhalte zu Eigen macht. Eine ständige Kontrolle der externen Links ist für den Anbieter ohne konkrete Hinweise auf Rechtsverstöße nicht zumutbar. Bei Kenntnis von Rechtsverstößen werden jedoch derartige externe Links unverzüglich gelöscht.

§ 3 Urheber- und Leistungsschutzrechte

Die auf diesem Buch veröffentlichten Inhalte unterliegen dem deutschen Urheber- und Leistungsschutzrecht. Jede vom deutschen Urheber- und Leistungsschutzrecht nicht zugelassene Verwertung bedarf der vorherigen schriftlichen Zustimmung des Anbieters oder jeweiligen Rechtsinhabers. Dies gilt insbesondere für Vervielfältigung, Bearbeitung, Übersetzung, Einspeicherung, Verarbeitung bzw. Wiedergabe von Inhalten in Datenbanken oder anderen elektronischen Medien und Systemen. Inhalte und Rechte Dritter sind dabei als solche gekennzeichnet. Die unerlaubte Vervielfältigung oder Weitergabe einzelner Inhalte oder kompletter Seiten ist nicht gestattet und strafbar. Lediglich die Herstellung von Kopien und Downloads für den persönlichen, privaten und nicht kommerziellen Gebrauch ist erlaubt.

Die Darstellung diesem Buch in fremden Frames ist nur mit schriftlicher Erlaubnis zulässig.

§ 4 Besondere Nutzungsbedingungen

Soweit besondere Bedingungen für einzelne Nutzungen diesem Buch von den vorgenannten Paragraphen abweichen, wird an entsprechender Stelle ausdrücklich darauf hingewiesen. In diesem Falle gelten im jeweiligen Einzelfall die besonderen Nutzungsbedingungen.

Quelle: Impressum erstellt mit Juraforum.